실력향상을 위한
바둑의 명인이 되는 길

# 묘 수 풀 이

한국학자료원

# 차 례

# 제 1 장

## 정수의 위력

## 1, 전국과 정수

정수란 부분에서의 가장 능률이 좋은 수라고 할 수 있다. 돌이 접촉한 부분에서의 급소라고 생각해도 좋다.

그렇다고 하여 정수는 전체와 관계없다면 곤란하다. 특히 서반으로부터 중반에 걸친 한 수 한 수는 전체와 밀접한 관계를 가지고 있다.

초·중급 가운데는 부분에서 최선의 수를 발견하려는 노력만 하면 좋았는데 3급이나 2급으로 진급하고, 다시 초단을 지향한다고 하면 전국을 보는 눈을 기르고 그 중에서 정수를 포착하는 노력을 하였으면 한다. 우선 쉬운 예로부터

### 큰 모양

제1형·흑선 백1로 날일자굳힘을 하여 국면은 모양의 대항이 되었다. 흑a로 겨누는 것도 호점이나 백b

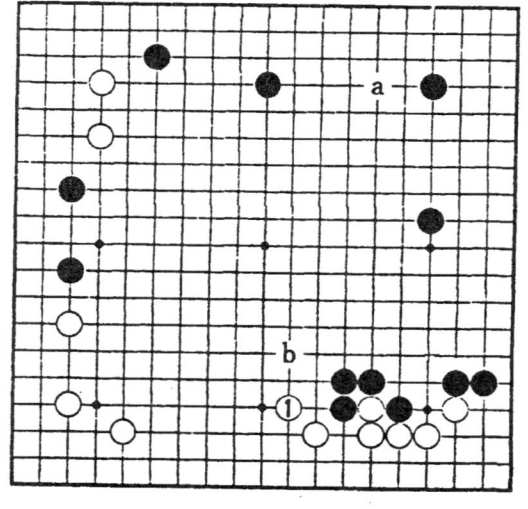

제1형

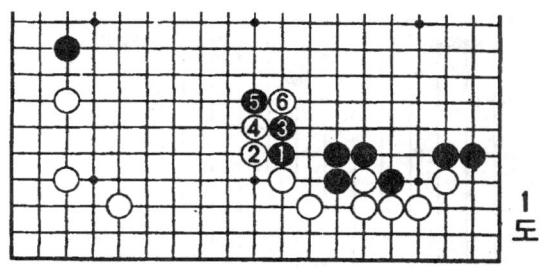

1
도

의 뛰기가 그 이상의 호점. 모양의 대항에서 패하면
안된다.

1 도(맛이 나쁘다)

흑1이 양보할 수 없는 천왕산이다. 단, 백2일 때
흑3으로 뻗는 것은 의문. 백4로 누르고 흑5로 젖히면
백6으로 끊어 맛이 나쁘다. 그렇다고 흑5에서 6으로
뻗는 것은 허약하다.

2 도(정수)

흑1로 붙이고 3으로 뛰는 것이 모양확대의 상용
수이다. 이 다음에 백a라면 흑b로 밀 수 있는 것이
1도보다도 우세한 점이다.

백c로 단수치기를 하면 흑b로 맞 단수를 치는 모
양. e가 막고 있으므로 백은 강하게 저항할 수 없다.

백 손빼기라면 흑a가 호형이다.

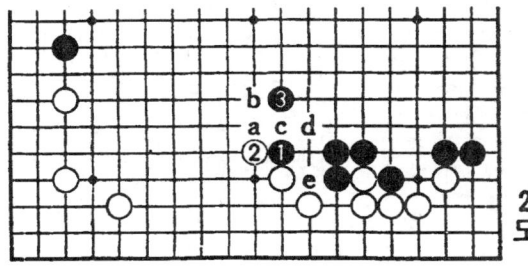

2
도

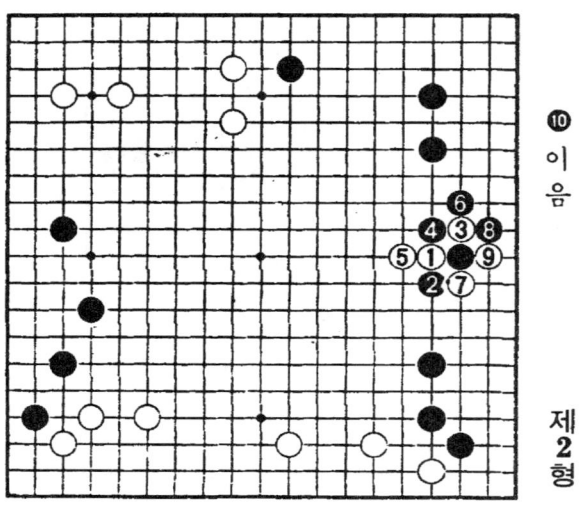

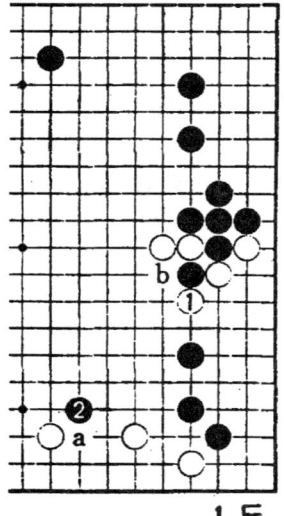

1 도

접바둑형 제2형·백선 백1 로 붙이는 수는 접바둑에서 흔히 사용한다. 흑10의 잇기까 지 하나의 모양이다. 그런데 백은 다음에 어떻게 처리하는 것이 좋은가.

1 도(축단수)

백1을 축으로 모는 것이 부분 적으로는, 옳지만 흑2의 축단수 가 너무나도 통렬 백a로 받고 흑b로 달아나면 곤란하고, 그렇 다고 흑a의 누르기를 허용한다 는 것은 견딜 수 없는 모양이 다.

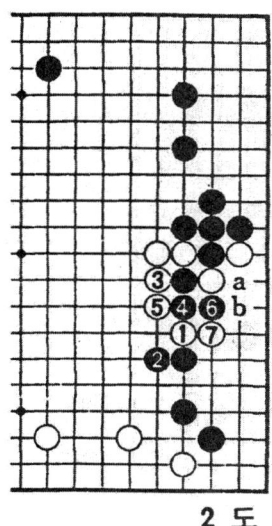

**2 도**

### 2 도(정수)

이 때는 백1로 붙이는 것이 상투수단이다. 흑2로 뻗으면 백3으로 단수를 치고 흑진을 돌파한다. 백 모양에는 흠이 없고 물론 대성공이다.

흑4에서는 a로부터 맞 단수. 백4일때 흑b가 우세하나 빵때림을 하여 두텁게 되므로 백도 불리하지 않다.

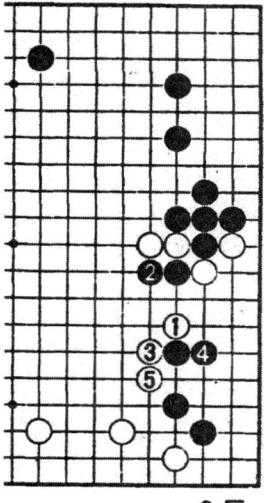

**3 도**

### 3 도(상장)

백1에는 흑2로 두는 정도가 상장. 백3, 5로 두텁게 두고 밑변이 부풀고 백이 충분한 갈림이다. 흑이 한 수 더 걸리는 모양이다.

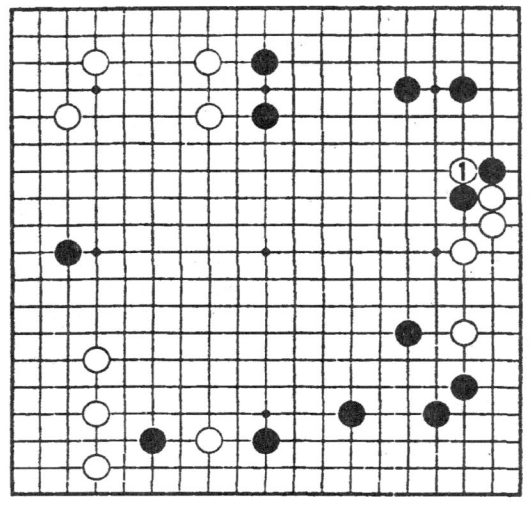

제
3
형

## 맛

**제3형 · 흑선** 백1의 끊기는 자신을 안정시키고 매우 큰 수. 이에 대하여 어떻게 응수하는가. 이 부분뿐만이 아니고 전국적인 맛을 생각하도록.

### 1 도(평범)

흑1의 끌기라면 누구든지 둘 수 있다. 백2의 단수몰이가 되어 아무 일도 없을 것 같지만, 백에게 눌리어 약간 불만. 윗변의 흑 진에 침투도 남는다. 그렇다고 흑1이외에는 수가 없는 것같지만.

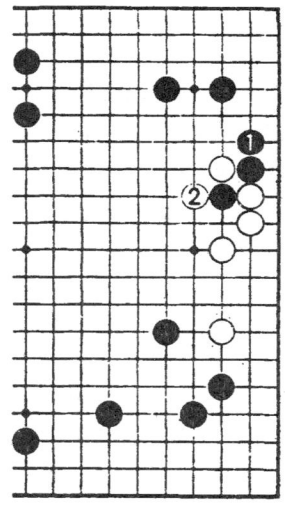

1 도

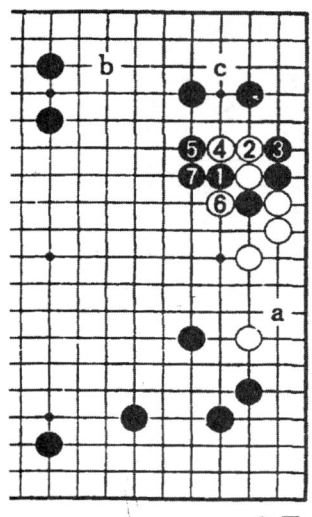

2 도

## 2 도(사석)

흑1로 단수를 치고 3으로 끄는 수가 있었다. 백4라면 흑5로 2단으로 젖히는 수. 백6으로 단수치기를 할 수밖에 없고, 흑7로 잇고 흑은 순식간에 맛이 좋게 되었다. 흑a로 두는 수가 남고 한편 백으로부터 b나, c의 침투를 거의 노릴 수 없다.

## 침투의 응접

**제4형 · 백선** 백1의 침투에 흑2의 모자는 당연. 백은 어떻게 두워야 하는가.

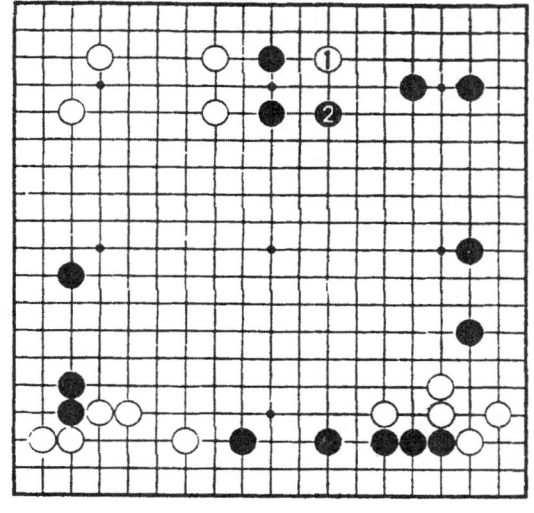

제
4
형

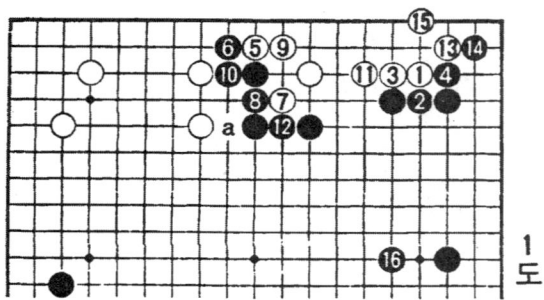

## 1 도(상용)

백1로 들여다 보고 상황을 살피고싶다. 흑2의 잇기가 정착이고, 3으로부터 눌러도 잡히는 말이 아니다.

백3, 흑4를 결정하고 5의 붙이기 7의 들여다보기가 정수이다. 먼저 백9, 흑10으로 교환하고 나서 백7로

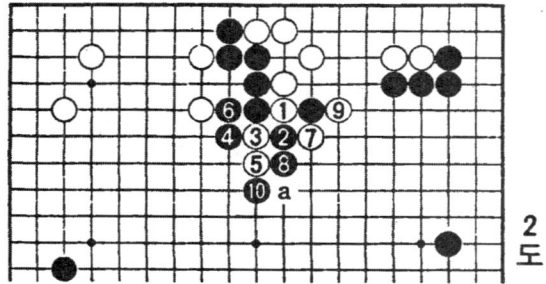

들여다보아도 흑8로 잇지않으며, a로 응수한다.

백7, 9로 수순을 결정하고 12의 돌파를 남기는 것이 작용. 백11, 흑12가 상용수단 어느 쪽에서나 불만이 없는 갈림이다. 백11에서,

## 2 도(무리수)

1, 3으로 나와 끊는 것은 무리. 흑4, 6으로 응수하고

백7, 9로 단수를 쳐도 흑10으로 축으로 잡으면 시원하다. 가령, 축머리가 성립하지 않아도 10에서 a로 뻗어 흑은 싸울 수 있는 모양이다.

1도로 돌아와서 백13, 15로 산 다음 흑16의 뛰기가 호점. 여기까지 중반전의 정석이라고 할 수 있다.

### 사석작전(1)

제5형 · 흑선 프로의 실전에서 취재한 장면이다.

백1은 침투를 노리는 절호점. 이에 대하여 흑a로 대비하면 보통인데 흑2로 단수치기를 하였다. 이것이 전국적인 멋있는 일착이다.

백은 당연히 3의 침투. 흑의 노림은 어디 있을까. 큰 처리가 요구되나 흑은 백3의 침투를 유혹하고 우위를 차지하려는 것이다.

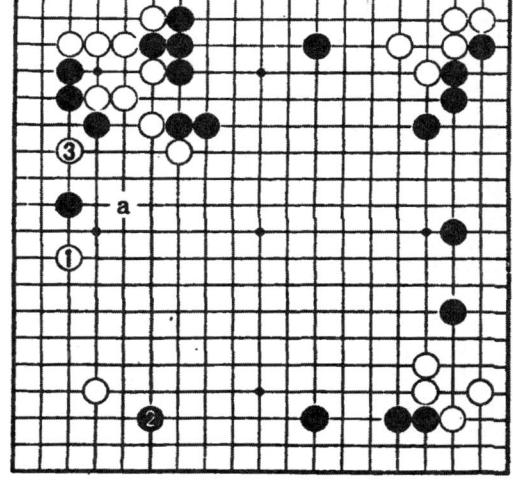

제
5
형

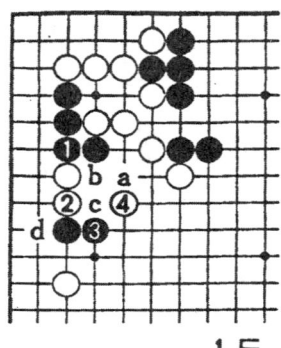

**1 도**

## 1 도(대작전완료)

평범하게 흑1로 잇거나하면 백2로 부딪치고 거의 무너지는 모양. 흑3에 백4로 어떻게 할 수도 없다. 어딘가에서 흑a로 들여다 보면 좋겠지만, 물론 잇지않는다.

흑1에서 b로 받고 백2, 흑c, 백d로 건너는 것도 실패이다.

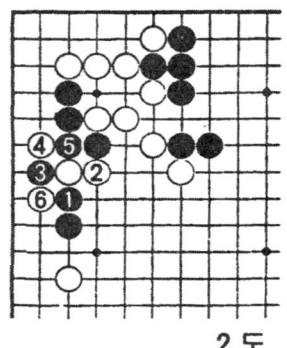

**2 도**

## 2 도(큰 처리)

흑1로 부딪치고 큰 처리가 시작된다. 백2에 흑3으로부터 5로 강제로 끊는 수이다. 흑1에서 3으로 붙이고 백6, 흑1, 백4, 흑5에서도 같다.

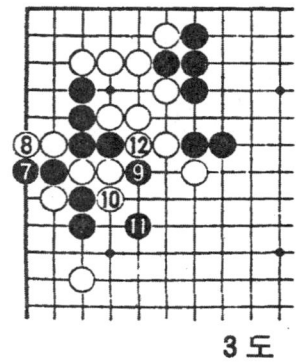

**3 도**

## 3 도(조이기 수)

계속해서 흑7로 2점으로 하여 버리고 9로부터 11로 걸친다. 백12로 끊는데,

14

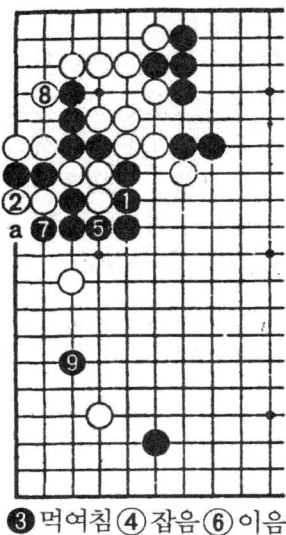

**❸먹여침④잡음⑥이음**

**4 도**

### 4 도(대작전완료)

다음에는 한 길. 석탑형으로 조이고 흑7의 누르기까지. 대작전은 완료하였다. 백8에서 흑4 점은 잡히지만, a의 누르기로 철벽을 과시하고 이 두터움을 배경으로 흑9로 침투한다.

백의 실리도 작지만, 괴롭힐 가능성이 있고 흑이 단연코 우세한 예도이다. 여기까지 읽지않으면 백의 다가서기에 손을 뺄 수 없다.

### 사선작전(2)

**제6형·흑선** 제5형과 거의 똑같은 모양. 접바둑에서 자주 나타나는 흑1의 침투이다. 백2 로부터 예에 따라 큰 처리를 도모하였는데 흑의 응수는 전형과 반드시 같다고 할 수 없다.

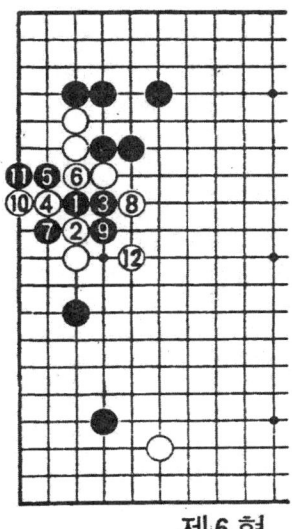

**제6형**

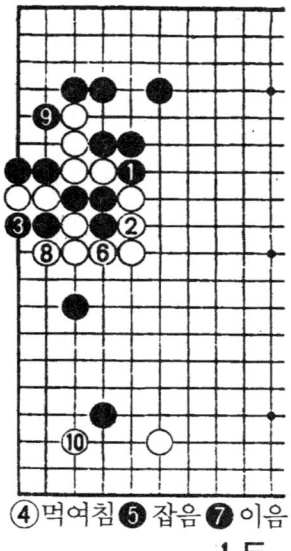

④먹여침 ❺잡음 ❼이음

1 도

## 1 도(백의 주문)

흑1로 끊고싶은 유혹에 사로 잡힌다. 이렇게 끊으면 석탑 조이기로부터 흑9의 4점 잡기까지는 필연의 진행. 그러나 백10으로 들어가면 이 흑이 들뜰 것같다. 흑이 불리하다고 할 수 없을지라도 백이 주문한 그대로 기분이 좋은 것이 아니다.

흑1로 끊지않고.

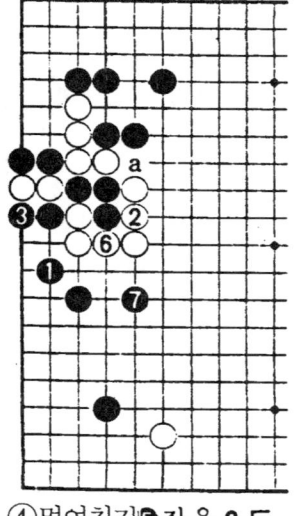

④먹여치기 ❺잡음 2 도

## 2 도(유력)

1로 마늘모굳힘을 하고 건너는 것이 뜻밖에도 유력한 수이다. 백2에 흑3으로 잡고 백의 치중에도 흑5로 잡고, 백6에는 백7로 둔다. 백은 3점을 잡고도 안형에 불만이 남는다. 흑7에서 3점 잇기, 백a 잇기로 결정하고 싶은데 공배를 메울 가능성이 있으므로 보류하여야 한다.

## 정석무용

제7형·백선  부분적으로  본수이고  정착일지라도 전체로  본다면  의문이라는  경우가  있다.  이  반대로 부분적으로는  불만일지라도  전국적으로는  옳은  수를 생각할  수  있다.

백1의  변칙적인  걸치기가  이의  좋은  예.  흑으로부터 a, b가  막고  있으므로  백c로  걸치거나  하면  흑d로  걸치 고  밑면에  큰  흑집을  만들  것같다.  백d로  높게  걸치는 것도  흑c로  이어  같다.

거기서  백1로  걸친  것이  좋은  판단이다.  흑은  2로 협공하고  두터움을  활용하여  공격하나  백은  어떻게 처리를  할까.  평범하게  f로  뛰어나오는  것은  백c로 뛰어  전도는  다난.

정수의  처리가  요구된다.

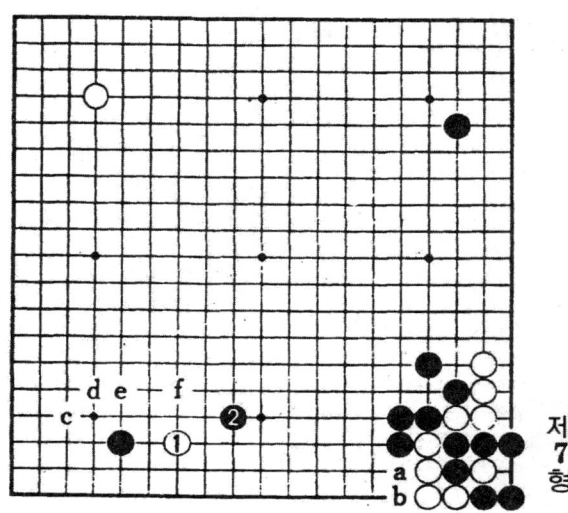

제7형

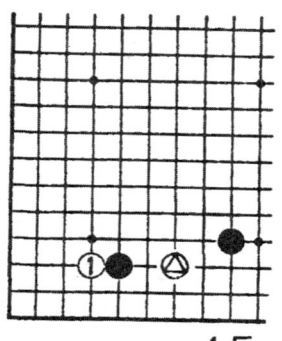

**1 도**

### 1 도(정수)
　백1의 붙임이 멋있는 수. 이것을 깨달았을까. △을 직접 움직이지 않고 백1로부터 태도를 결정하려는 것이다.

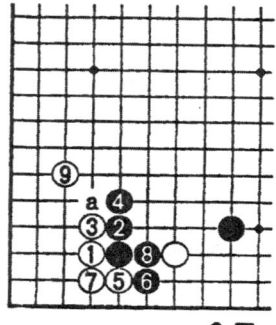

**2 도**

### 2 도(백 유리)
　백1에 대하여 흑2로 뻗으면 백3으로부터 5, 7로 젖히고 9로 달리어 백집이 크다. 흑4에서 a로 젖히는 것은 백5, 7의 젖히기로부터 4로 끊고 이 싸움은 백이 충분하다.
　2도는 분명히 백이 유리하다.

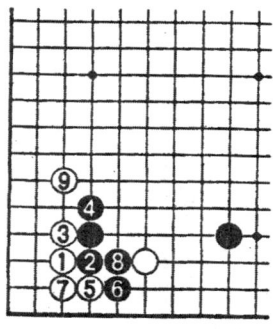

**3 도**

### 3 도(정석)
　이 정석과 비하면 분명하다. 2도의 편이 한길 우측으로 벗어나고 그만큼 백집이 크게되고 있다는 것을 알 수 있을 것이다.

18

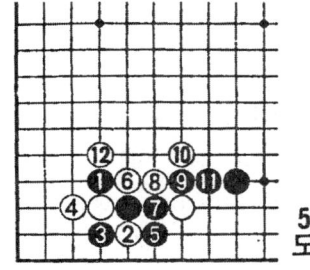 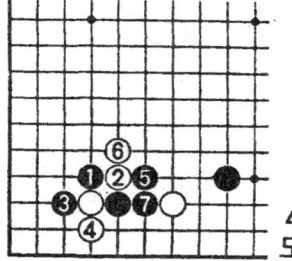

**4 도**(백 좋아하지 않는다)

따라서 흑은 1로 강하게 젖히는 한수. 여기서 백2로 맞 끊는 것도 흔히 있는 처리 수이나 흑3으로부터 7로 저항하고 백은 처리를 할 수 없을 것같다.

**5 도**(백 충분하다)

흑1에는 백2로 맞 젖히는 것이 수이다. 흑3, 5로 잡으면 백6이하 12까지. 밑변의 흑집을 제한하여 백이

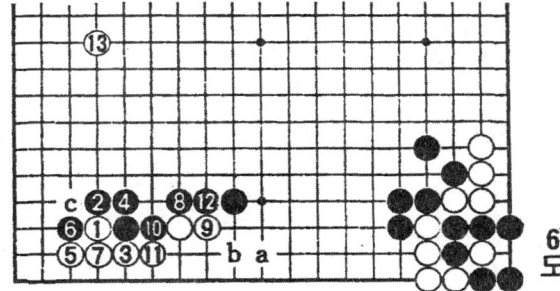

충분한 갈림이다.

**6 도**(실전)

백1로 붙이고 흑2에 백3으로 맞젖혔을 때, 흑4로 잇는 것이 실전. 이하 백은 여기서 선수를 잡고 13의 벌리기로 돌았다. 흑10은 백a에는 흑b로 멈추게 하기 위한 조심. 백c의 큰 잡기도 남고 역시 충분한 갈림.

## 2, 정수와 읽기

잠깐 보아서 알 수 있는 수는 어떻든 좋은 수라고 할 수 있는 것은 실전에서는 좀처럼 찾아 볼 수 없다. 이것은 정수를 찾으려고 하여도 상대방이 이것을 알아내고 사전에 조심을 하거나 혹은 한쪽이 수를 깨닫지 못하고 평범한 수를 두기 때문이다.

상대방의 수를 사전에 알아내는 것은 읽기의 힘이다. 묻혀있는 정수를 발굴하는 것도 물론 읽기의 힘이다.

제8형 이후는 정수를 100％ 유효하게 하기 위하여 어디를 어떻게 읽는 것이 좋은가, 여러분이 가장 애쓰는 읽기의 문제에서 정수를 실현시키는 힘을 양성해주기 바란다.

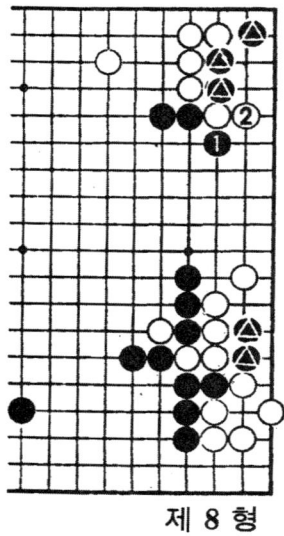

제 8 형

**맞추기**

제8형·흑선 흑1로 단수를 치고 백2로 뻗었다. 위의 ▲ 3점과 밑의 ▲ 2점은 잡힌 모양이나 여러가지 권리 가 있다.

이 권리를 최대한으로 활용하여 좋은 수를 발견하도록.

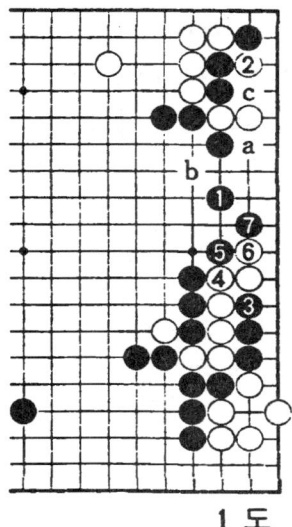

**1 도**

1 도(양쪽으로 막기)

직접적인 막기의 예로서 a 나 b 혹은 5나 6에서 받기까지 이다. 어떠한 막기가 양쪽에 대하여 가장 효과적인가 하면 흑1의 1칸뛰기로 생각이 미칠 것이다.

백2로 한쪽의 막기를 해소하면 흑3, 5로부터 7의 누르기가 강렬. 위험하게 보이지만,

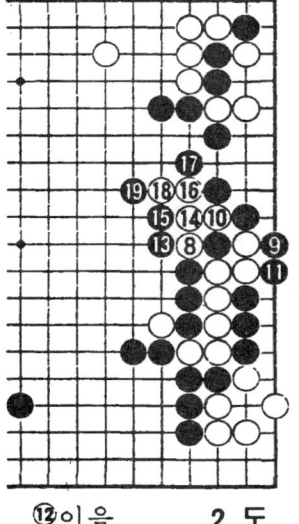

⑫이음    **2 도**

2 도(회두리)

백8의 단수치기에는 흑9로 맞 단수를 치고 회두리하는 측이 성립한다.

단수치기(백8)에는 항상 잇는 (흑10) 것이라고 생각하는 사람에게는 이런 유쾌한 수는 발견할 수 없다.

1도의 흑1은 윗쪽뿐만이 아니고 밑도 막을 수 있다. 실전에서는 백2에서 밑을 대비하고 흑c의 잡기를 허용할 수밖에 없다.

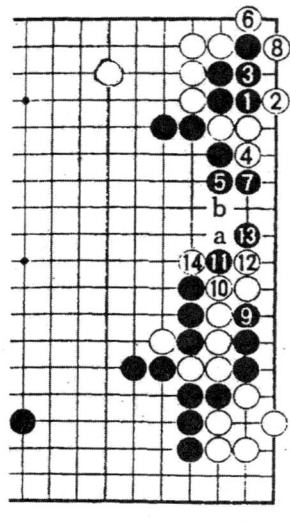

3 도

## 3 도(미치지 않는다)

흑1로부터 나가는 것을 생각하는 분은 정해를 위하여 더한 걸음. 백4에 흑5로 뻗는 것은 유감스럽게도 백14 혹은 a로 끊기고 회두리는 성립하지 않는다.

흑5에서 b로뛰면 백5로 단수치기를 하고 항상 흑9이하가 성립한다고 할 수 없다.

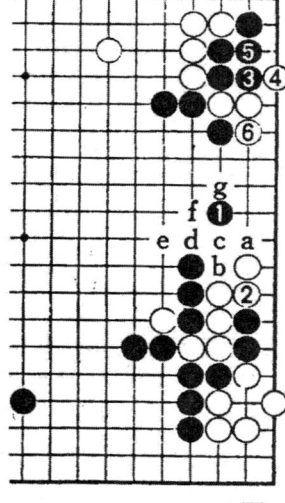

4 도

## 4 도(한쪽 막기)

흑1의 막기도 백2로 받고 무효. 흑3에는 백4, 6으로 저항한다.

흑1 이외에 밑변에는 a, b, c, d, e, f, g 등의 막는 맛이 있고 g만이 윗변에 막고 있기 때문이다.

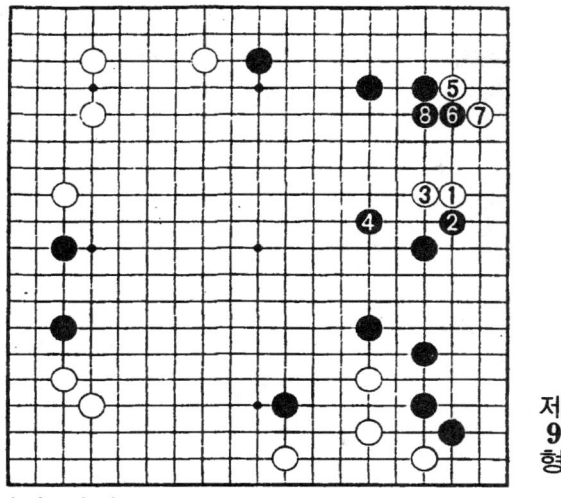

제
9
형

## 막기의 발견

제9형 · 백선 큰 모양에로의 침입책으로서 백1이하는 실전에 잘 나타나는 모양이나 흑8로 이어 핀치. 백은 어떻게 견디는가.

1 도(핀치)

백은 이상사태이다. 1로 호구치기를 하면 살기는 하지만 흑2로부터 6으로 절단 당한다.

2 도(절단)

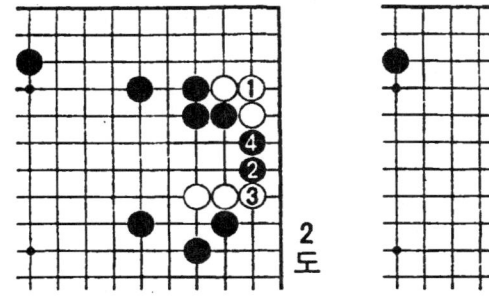

2
도

1
도

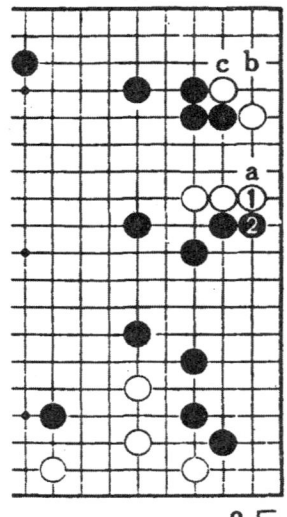

**3 도**

백1로 잇는 것도 강경하게 흑2로 두는 수로 절단된다.

**3 도**(생각하는 포인트)

백1의 내리기나 a의 마늘모굳힘으로 막으면 좋다는 것을 알 수 있을 것이다. 만약에 백1에 흑2로 받으면 백b로 연락하면서 살 수 있다. 또한 백a에 흑2의 받기라면 백c로 크게 산다. 그러나 갑자기 백1이나 a로 두면 흑2로 받지않는다. 여기서 백1 혹은 a가 선수가 되도록 준비공작을 한다.

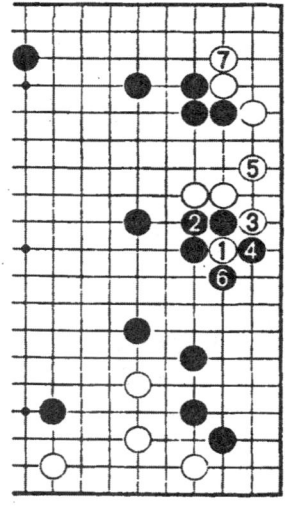

**4 도**

**4 도**(정수)

이렇게 생각하면 백1의 붙임수는 발견하기 쉬운 것이다. 흑2로 이으면 5의 호구치기가 있고 백7로 크게 살 수 있다. 정수의 작용에 의하여 백3을 선수로 둔 것이 포인트이다. 흑6에서,

24

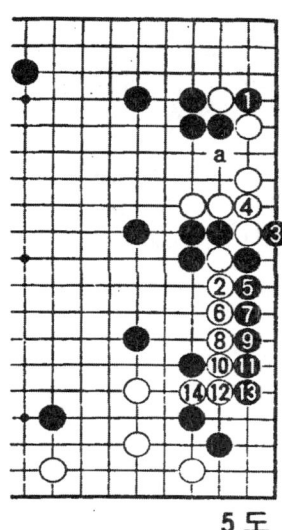

5 도

## 5 도(납작하게 되다)

1로 끊고 전멸을 도모하면 물론 백2로 뻗는다. 흑3으로 막아도 5이하로 기지않으면 안되고 흑 모양은 납작하게 되었다.

아직 백a 로 사는 맛이 남고 이것은 백이 대성공이다.

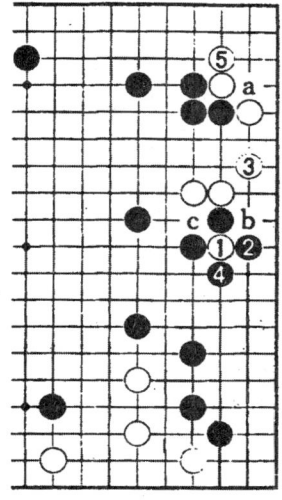

6 도

## 6 도(같은 결과)

백1에 흑2로 단수치기를 하여도 백3으로 마늘모굳힘을 하고 4도와 똑같은 결과가 된다. 흑4의 따 내기를 생략할 수 없고 백5의 뻗기까지 역시 백이 대성공이다.

흑4에서 a로 끊는 것도 백4의 뻗기가 성립하고 이하 백b 라면 백c, 흑c라면, 백b로 끊고 5도와 비슷한 결과밖에 되지않는다.

4, 5, 6도는 백의 이상적인 진행이다. 따라서,

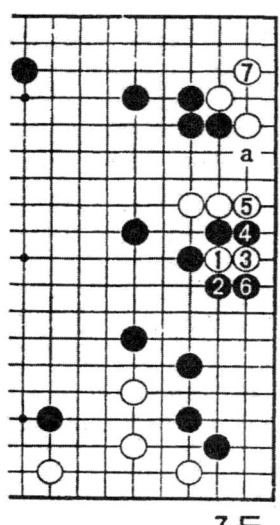

7 도

## 7 도(상장)

백1에는 흑2로 단수를 치고 4로 내리는 정도일 것이다. 백은 5를 아끼지않고 결정하고 7로 살게 된다. 5의 내리기를 선수로 막았기 때문에 1도와는 달라서 흑a는 두렵지않다.

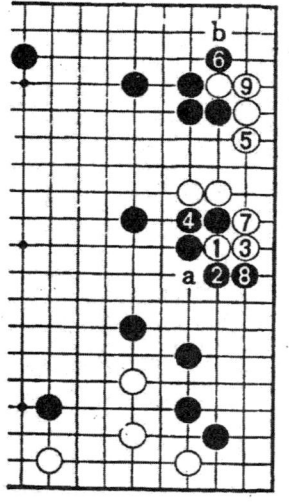

8 도

## 8 도(선수로 살기)

흑2로부터 4로 사양하면 비로소 5로 막는 요령. 흑6(9로부터 끊는 것은 백6으로 뻗는다)에 백7을 결정하고 9로 돌아오고 a의 끊는 맛이나 b로 붙이는 수가 있어 대체로 선수. 1, 3으로 흑 집에 도전하고 있는 것이 자랑이다.

잠자코 백1로 붙이는 수. 기발한 것같지만 수를 더듬고 나가면 발견할 수 있을 것이다.

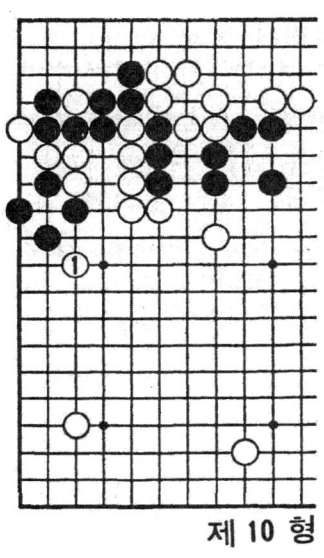

제 10 형

## 2선의 빵 때림

제10형 · 흑선   제2선의   빵
때림에는 백1의 공격이 상식적
인 급소이나 흑은 두려워 할
필요가 업다.

백1의 역수를 잡고 선명하게
처리하도록.  경우에  따라서는
버려도 좋다는 과감한 정신으로

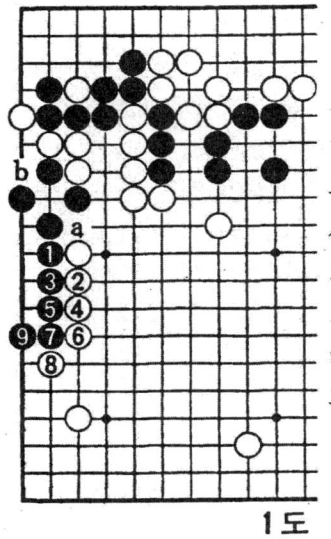

1 도

### 1 도(괴로운 살기)

흑1로 사는 것을 제일이라고
생각하는  것은  백의  대환영.
백2, 4로 뻗을 때마다 중앙의
두터움이 강대하여지고 이것은
싸우지  않고  패하는  것과도
같다. 흑9까지로 후수로 사는
것은 너무 괴롭다고 생각하지
않으면 안된다. 흑9에서  a로
두고싶지만 백b로 노린다.

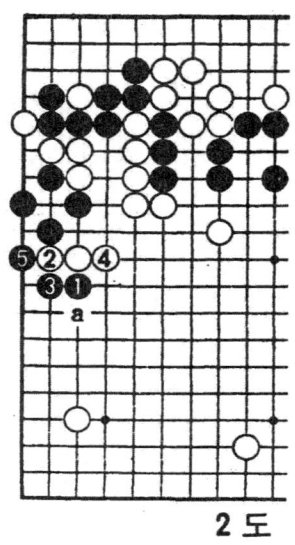

2 도

## 2 도(처리 수)

흑1로 붙이는 것이 처리 수가
된다. 백2에, 흑3, 5로 건너고
이미 공격 당할 걱정은 없다.
흑3에서는 4로 젖히고 백3
에 흑a로 뻗고 버리는 것도
생각할 수 있다.

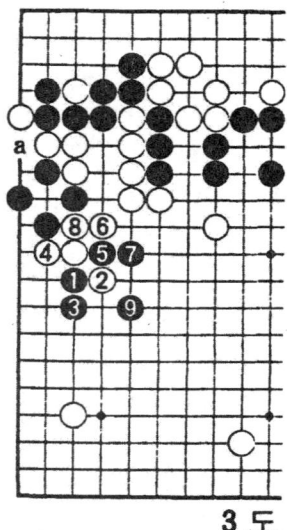

3 도

## 3 도(만족)

흑1에 백2로 젖히면 흑4로
건너도 좋으나 흑3으로 끄는
것도 유력. 백4의 한수임으로
흑5로 끊고 9의 장문까지 중앙
을 삭감한다. 흑 4점은 버려도
아직도 a의 패가 남아 있으므로
만족할 수 있는 갈림길이다.

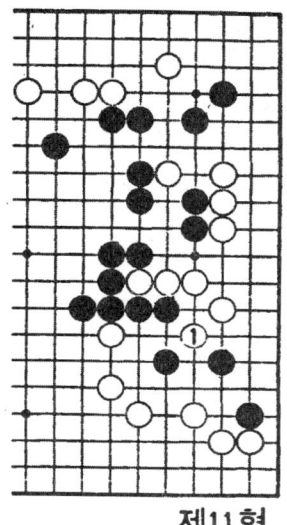

제11형

## 양쪽 들여다 보기

제11형·흑선 양쪽 들여다 보기로 부터의 절단을 두려워하는 것은 중급자에게 공통된 특징이라고 하여도 좋을런지도 모른다.

지금 백1로 들여다 보았다. 어느 쪽을 잇는지 결정된 것같지만, 착실하게 읽지 않으면 안된다. 도중의 함정에도 주의할 것.

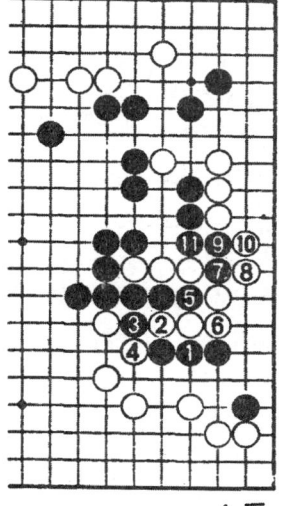

1 도

### 1 도(자연소멸)

물론 흑1로 잇는 한 수. 그런데 백2, 4로 나와 끊었을 때의 대책은 괜찮을까.

흑5로 단수치기를 하는 것은 가장 속수이다. 7로 끊고 3점을 잡을 수 있지만, 그 3점을 잡은 것만으로 귀의 흑은 자연소멸이다.

흑5는 절대의 막기인데 만약의 경우까지 보류하는 것이 정수의 사고방식이다.

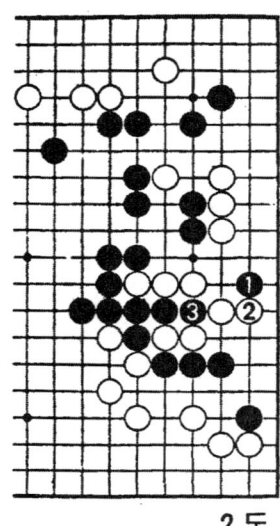

2 도

## 2 도(정수)

여기까지 오면 초급자도 급소를 알 것이다. 흑1의 놓기가 정수. 백2로 막는 것은 흑3으로 단수치기를 하고 2점을 따낼 수 있다.

## 3 도(백 전멸)

흑1에 백2로 응하면 이번에는 흑3으로부터 단수치기를 한다. 백4로 이을때, 실수하여 흑7로 건너면 백5로 눌리우고 백을 살린다. 흑5로 막고부터 7로 막는 것이 중요한 수순으로서 이것이라면 흑이 사는 것과 동시에 백이 전멸이다. 백6에서 7은 흑6, 백a, 흑b에서 맞 공격은 흑 승.

## 4 도(큰 성공)

백2는 최강의 저항이나 흑3을 수순으로 결정하고 5로 건너

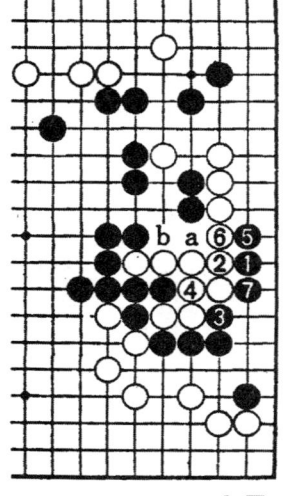

3 도

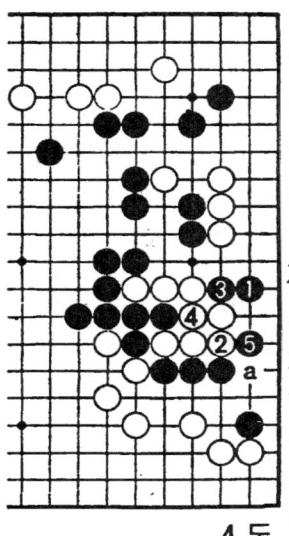

**4 도**

기까지. 이것도 흑이 대성공이
다. 백4에서 a로 젖혀 버티기는
유력하나 흑4로 선수로 잡을
수 있으므로 역시 흑 성공이라
고 생각하면 된다.

### 어떤 경우의 정수

제12형·백선 백2점이 양분되고
괴로운 국면. 백1은 어느 쪽인
가로 건너려고 하는 궁여지책이
나 백2로부터 4로 젖히고 당연
한 것으로서는 용이하게 처리할
수 없다. 본형과 같은 경우에만
이 성립하는 특수한 정수는?

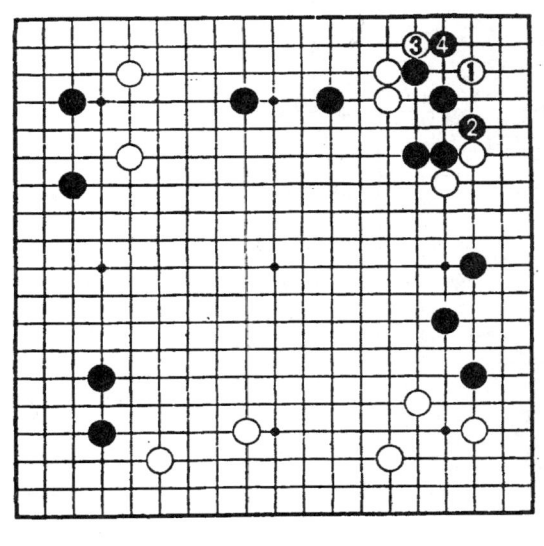

제
12
형

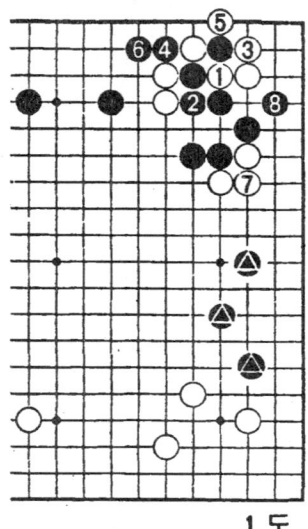

**1 도**

## 1 도(무겁다)

백1, 3으로 단수치기를 하면 보통. 그러나 흑4, 6에서 이 백 2점이 움직이는 것은 무겁고 한편 백7로 이어보아도 흑8의 마늘모굳힘으로 (손을 빼면 패) 백의 고전은 숨길 수 없다. ● 3점의 견실한 겨누기가 있다.

백3에서 4로 잇는 것은 흑3으로 기기까지.

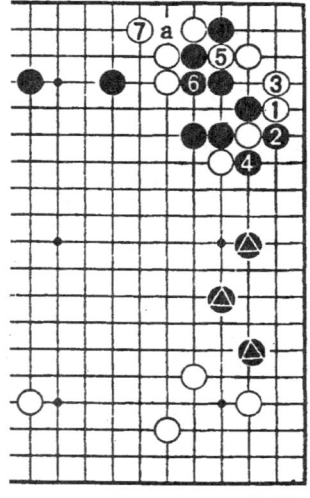

**2 도**

## 2 도(정수)

백1, 3이 정수. 이번에는 7쪽을 잇고 버틸 수 있다는 읽기이다. 흑2, 4의 빵 때림은 두텁지만, ●와의 관계에서 포도송이의 모습인 셈.

흑2에서 a의 끊기라면 백4로 잇는다.

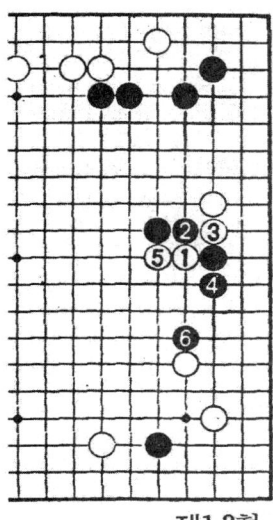

제13형

## 정수에는 정수로

제13형 · 백선 축머리가 유리하다는 것을 의지하고 백1로 붙여 넘는 것이 강수. 흑2로부터 백5까지는 우선 절대의 운용이나 여기서 흑6으로 붙인 것이 처리 수.

흑6이 무엇을 노리고 있는가를 알아내고 이것을 상회하는 수를 발견하도록.

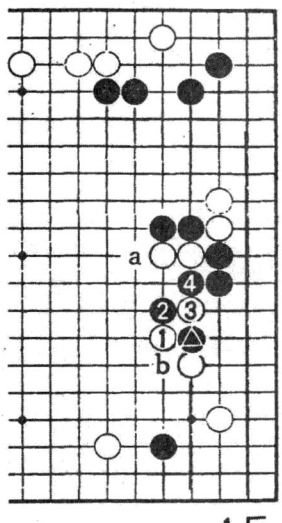

1 도

## 1 도(함정)

⬤의 붙임 수는 백1로 젖혀 달라는 주문이다. 흑2로 맞젖히고 백3에는 흑4로 맞 단수를 치고 빵 때림과 흑a의 잡기가 건너다 보기가 되어 백의 함정 모양.

백1에서 b로 뻗는 것도 흑a의 젖히기가 딱 들어맞는다.

그런데 백의 수는?

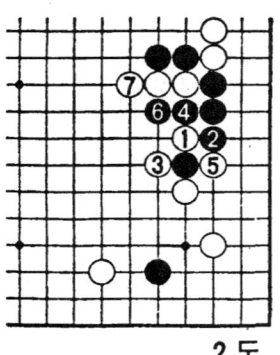

**2 도**

### 2 도(협공 수)

백1의 협공을 깨달았는가. 이것이 흑을 상회하는 정수이다. 흑2라면 3으로 단수치기를 하고 5로 빵 때림을 한다. 흑 6, 백7이 되는 싸움은 먼저번 것만큼 백의 몫이었다.

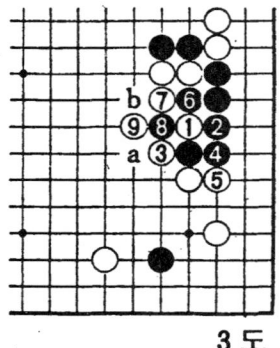

**3 도**

### 3 도(큰 패)

백3의 단수치기에 흑4로 이으면 백5로 누른다. 이하 백7, 9로 전부 버티고 이어서 흑이 a 혹은 b로 끊으면 큰 패이나 물론 흑에 패걸이가 없다.

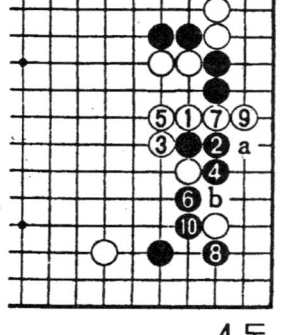

**4 도**

### 4 도(상장)

흑2, 4로 변화하는 정도이다. 흑6에 백7로부터 9로 선수로 돌파하고 백에 불만은 없다. 흑8에서 9로 눌러도 백a가 있다. 흑6에서 7이라면 백b로 된다.

## 3, 선제공격의 정수

전국을 보는 눈이나 읽기의 힘도 중요하나 초단을 지향하기 위하여는 공격력도 해야 한다.

자기가 적극적으로 국면을 리드하고 상대방을 공격하여 쓰러뜨리는 것. 즉, 선제공격이다. 특히 여러분의 바둑에서는 공격으로 도는 편이 압도적으로 승리하는 확률이 높다. 여기서는 어떻게 공격의 실마리를 잡는가. 이에 대한 마음의 자세를 배우도록.

**2칸벌리기를 공격한다.**

**제14형·흑선** 흑1로 다가서고 백2로 벌렸다. 이 2칸벌리기에 대한 좋은 공격은 없는가. 좌상에 어떤 막기가 있는가 하는 것을 생각하면 급소는 발견할 수 있다.

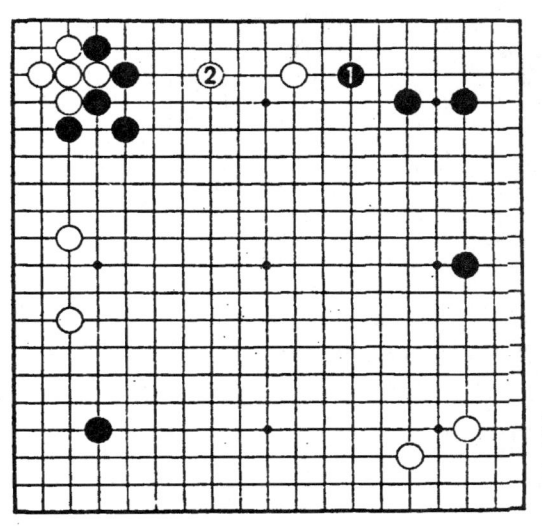

제
14
형

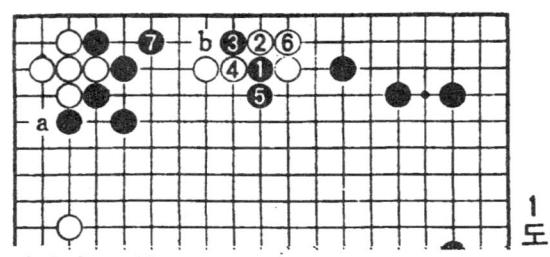

1 도(선제공격)

　좌상의 흑도 허약함으로 빨리 공격하지 않으면 안된다. 공격은 최대의 방어인 것이다.

　흑1로부터, 3의 2단젖히기가 정수. 백4, 6에서 보통 아무 일도 없지만, 흑7이 좌상을 막고 있어 백은 심하게 당한다. 백a에 흑b로 건너고 선제공격은 대성공. 백6에서 b의 잡기라면 흑6으로부터 1점을 단수치기로 하고 역시 성공이다.

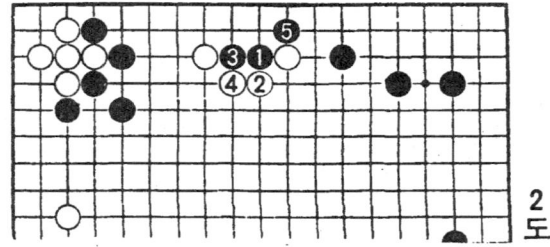

　7의 막기를 의지하고 1, 3의 젖히기는 이것을 익혀 두면 반드시 도움이 되는 공격 수이다.

　2 도(성공)

　백2로 위로부터 누르면 노골적으로 흑3으로 막고 5로 건넌다. 실리를 벌면서 전제를 노리고 역시 선제공격은 성공이다.

　**얽힌 공격**

　제15형 · 흑선 윗변과 우변의 백을 어떻게 공격하는

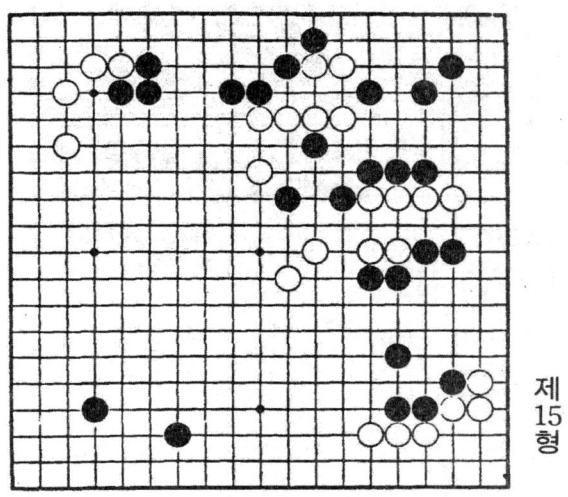

제
15
형

가. 급한 공은 없을 것같지만 멋있게 얽힌 공격이 된
다. 전형과 마찬가지로 중앙에 어떤 막기가 있는가를
생각한다.

  1 도(평범)

  흑1의 밀기는 박력부족. 3으로 뻗고 5로 날일자굳힘
을 하고 이것으로 일단 공격이나 백6까지로 연락되고
약간 부족한 것같다.

  우변의 백에 대한 막기를 찾도록.

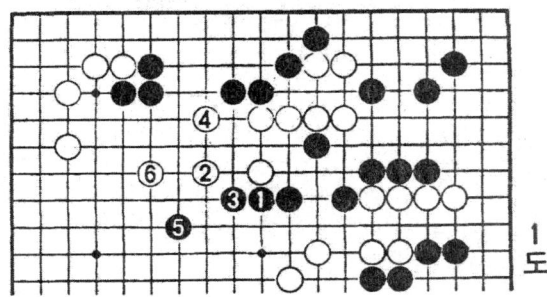

1
도

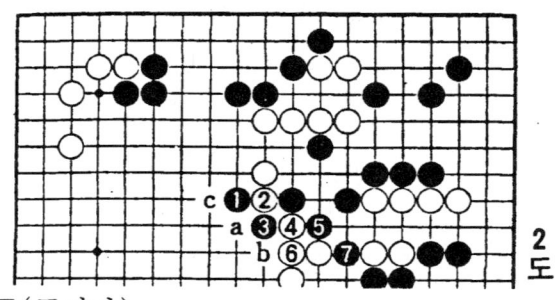

2 도(큰전과)

혹1로 걸치기가 강렬. 백2, 4로 반발하면 기다리고 있었다는 듯이 혹5, 7. 실로 어처구니 없이 백이 잡힌다.

혹1은 5의 막기를 활용한 교묘한 수였다.

백4에서 a로 끊으면 혹b로 뻗고 주변을 노려도 되고 강하게 혹c로 뻗는 것도 성립한다. 언제까지라도 백4

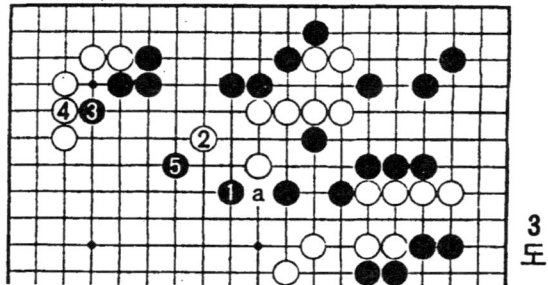

는 끊을 수 없다.

3 도(호조)

혹1에는 백2로 후퇴하는 정도. 여기서 혹3으로 막고 5의 강력한 공격이 유력하다. 엷은 공격으로 보이나 백a로 나올 수 없어 백은 괴로울 뿐이다.

빠른 자가 이긴다.

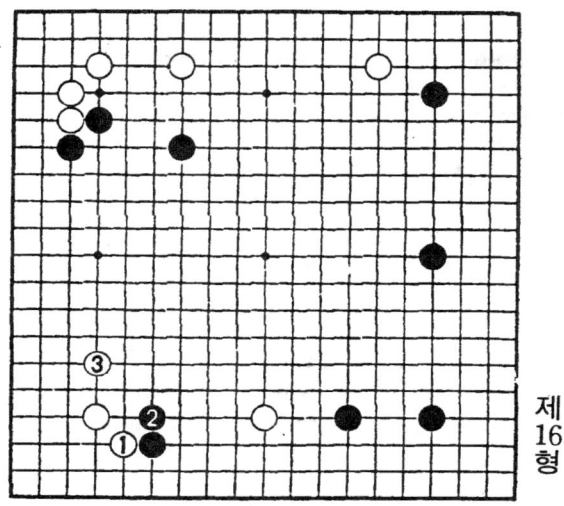

제
16
형

제16형·흑선 백1, 3은 흑을 무겁게 하고 공격하는 상투수단이나 흑은 공격 당한다는 기분에 사로잡히면 안된다. 먼저 백을 공격한다.

1 도(유유히)

공격 당하고 있다는 기분이라면 흑1 등으로 어깨를 짚는 정도의 것. 그러나 백2로부터 6으로 유유히 뛰어 나오고 백이 편안하게 된다.

흑1에서 상식적인 a도 백4로 뛰어 너무 허약하다.

백1점을 공격하는 급소는?

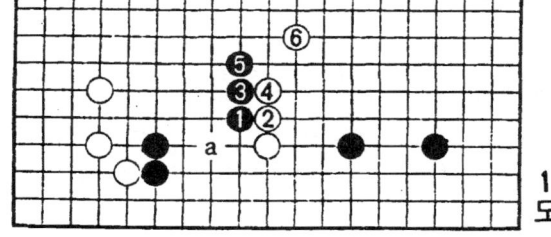

1
도

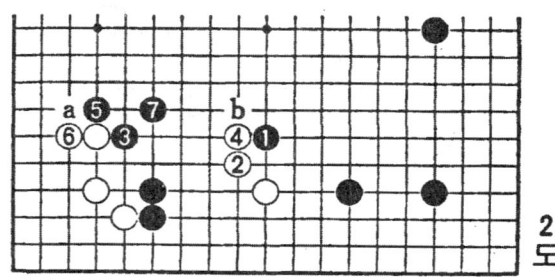

2 도(공격은 모자로)

흑1로 여기까지 진출하지 않으면 박력이 없다.

백2로 나오는 것이 약간 걱정이나, 흑3의 붙임 수가 준비되고 있다. 백4라면 일단 공격은 면할 수 있지만, 흑5의 젖히기가 기분좋다. 백6에 흑7로 호구치기를 하고 a의 누르기와 b의 젖히기를 건너다 보고 흑이 너무 충분한 모습이다.

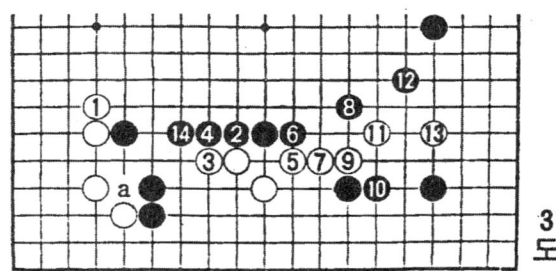

3 도(완전봉쇄)

붙임에 백1로 버티면 흑2, 4로 일직선으로 누른다. 흑a가 막고 있으므로 백은 여기를 돌파할 수 없고, 백5로부터 다시 탈출할 것을 구하나 흑6으로부터 8, 12로 완전봉쇄. 백은 살기에 급급해 지고 흑의 공격은 대성공이다.

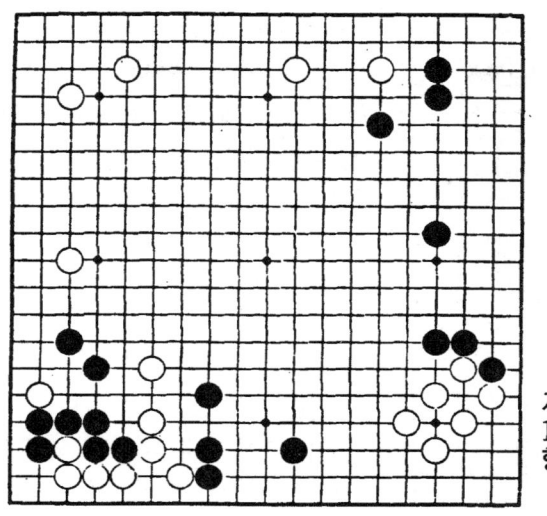

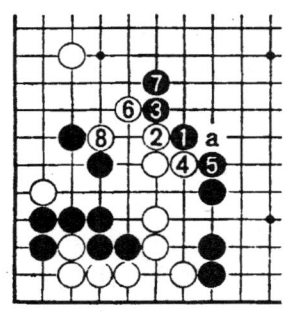

1 도

기대기 공격

제17형·흑선  얽히기와 기대기는 공격을 위한 2대무기. 좌변의 백1점에 기대어 본부대를 준엄하게 공격한다.

1 도(단조롭다)

공격을 서둘러 흑1로 걸치는 것은 백2로 눌려 대단한 공격이 아니다.

흑1에서 a로 뛰는 것도 백3으로 뛸 뿐이다.

대마를 노리는 것은 좋지만 단조로운 공격으로는 도저히 성공할 수 없다. 거기서 기대기 전법을 채용한다. 어떻게 기댈 것인가.

41

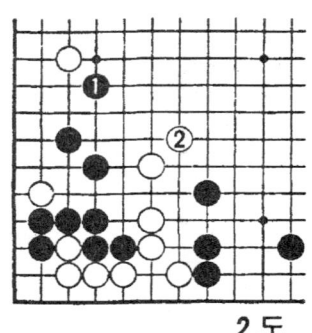

**2 도**

## 2 도(박력 부족)

흑1로 어깨를 짚는 것도 일단 기대기공격이라고 할 수 있는데 영향이 약함으로 백2로 달아난 다.

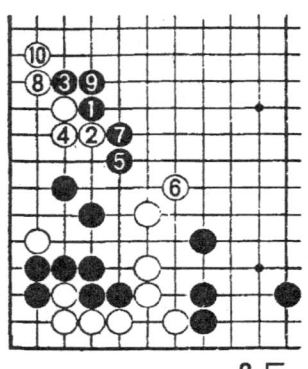

**3 도**

## 3 도(양쪽 노려보기)

흑1로 여기에 붙이지 않으면 박력이 없다. 백3으로 끄는 것은 흑6으로 걸치어 상당히 위험한 모양. 백2라면 흑3으로 누르고 백4에 흑5가 양쪽 노려보기의 수. 백6으로 달아나는데 흑7, 9로 큰 전과를 거두었다.

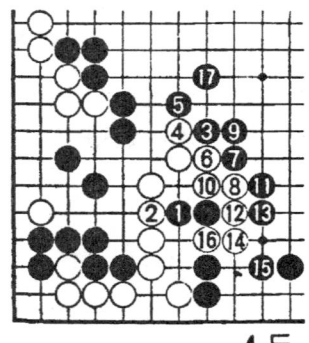

**4 도**

## 4 도(승부가 있다)

이 다음의 공격을 참고로. 흑1로부터, 3으로 격렬하게 공격한다. 이하 백16까지 2점을 잡히어도 흑17정도로 대비하고 이렇게 되면 승부가 있는 모양 이다.

# 제 2 장

# 군힘의 공방

### 굳힘을 파괴하려면

상대방의 굳힘 속에 단신으로 돌입하여 수를 만들 수 있는가, 없는가 중반전의 가장 중요한 표적이다. 공격을 벗어나고 잘 처리하려면 물론 정수에 의하지않으면 안된다. 우선 급소는 어디인가, 그것을 파악하는 힘이 요구되나 굳힘 모양에 의하여 급소도 스스로 한정된다.

본장에는 날일자굳힘, 눈목자굳힘, 1칸굳힘 등 거의 모든 굳힘을 수록하고 있으므로 이것을 익히면 실전에서 응용할 수 있다.

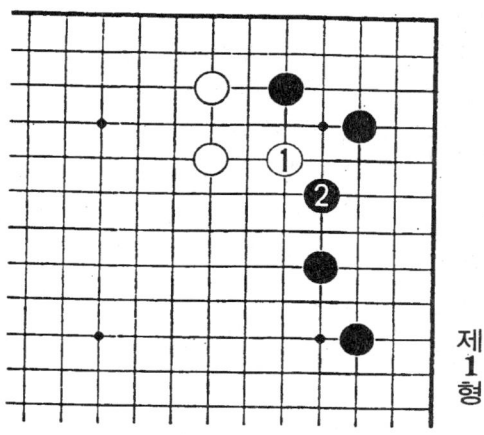

제
1
형

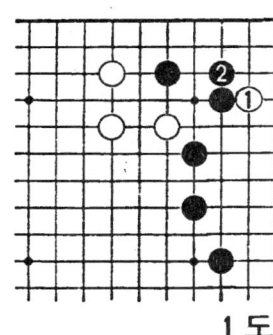

1 도

# 제1장  눈목자굳힘의 배

(백선) 흑2로 지키고 완전한 집이라고 생각하고 있는 흑을 절망시킨다.

흑2로 지켜도 아직도 수가 있으므로 정수란 두려운 것이다.

그런데 급소는.

1 도(무책)

백1의 붙임은 날일자굳힘의 약점을 찌르는 급소의 하나이다. 이 경우는 방향착오. 흑2로 냉정하게 뻗고 산다는 것은 아무리 보아도 무리이다.

흑2, 여기가 급소. 그러면 백2로 붙이면 어떻게 되는가 하고 생각을 비약시키는 것이 중요.

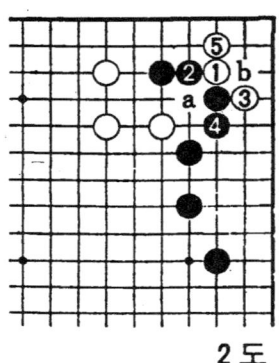

**2 도**

## 2 도(날일자굳힘의 배)

백1의 붙임이 속칭 날일자굳힘의 배라고 하는 급소. 흑이 어떻게 응하여도 수가 된다. 흑2라면 백3으로 젖히고 5로 내리고 살기. a의 절단점이 즐겁다. 흑4에서 b로 끊으면 백4로 맞단수를 치기까지.

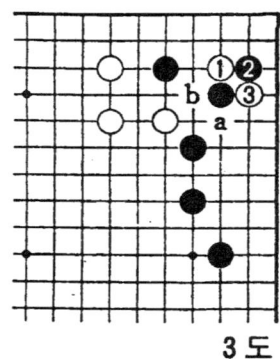

**3 도**

## 3 도(건너다 보기)

흑2로 젖히면 백3의 맞끊기가 멋있는 수. a와 b의 단수치기를 건너다 보고 흑은 두는 수가 많다.

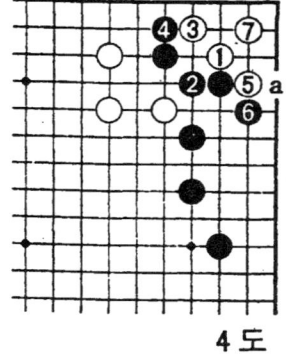

**4 도**

## 4 도(포도송이)

흑2라면 노골적으로 백3으로 막고 5, 7에서 수가 된다. 이 다음에 흑a로 단수치기를 하면 패이나 흑은 패하였을 때의 손해가 크고 우선 속수무책이다.

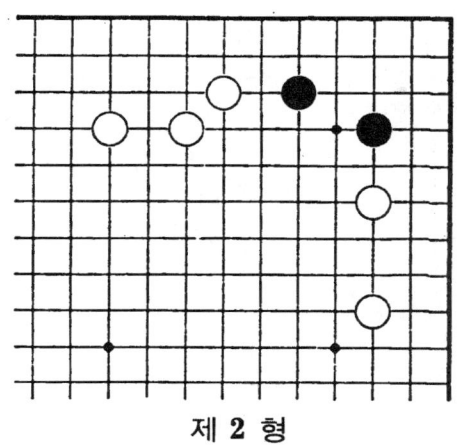

제 2 형

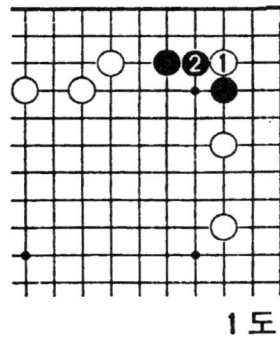

1 도

## 제2형 전체

(백선) 견고한 날일자굳힘도 때로는 전체가 위험한 경우도 있다.

양쪽에서 다가서면 즉시 손질이 필요. 실전에 잘 나타나는 모양이다.

1 도(붙인다)

날일자굳힘의 배에 백1로 붙인다. 모양이 좋은 수이나 흑2로 응수하고 활기를 띄우게 한다.

날일자굳힘에는 또 하나의 급소가 있다. 전형과 마찬가지로 흑2로 응수하면 좋지 않으므로 이 2의 점이 급소가 아닌가하고 생각한다.

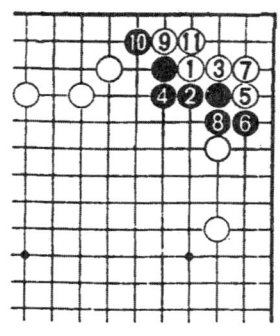

**2 도**

## 2 도(살기)

백1의 붙임이 정수. 흑2로 누르면 백3으로 기어 죽기는 생각할 수 없다. 흑4로 이을 수밖에 없고 백9, 11로 젖혀서 산다. 자칫하면 흑 전체가 이상해진다.

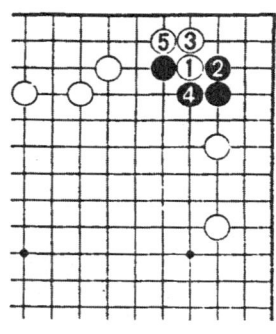

**3 도**

## 3 도(도려내다)

흑2로 양보하면 백3, 5로 도려내고, 여전히 흑의 안형에 불만이 남는다.

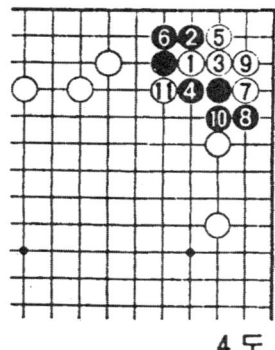

**4 도**

## 4 도(무너지다)

흑2의 젖히는 강한 태도이나 백은 4로 후퇴할 필요는 없다. 끝까지 3으로 버티고 흑4에 백5로 누르면 된다. 백7, 9로 젖히고 11로 끊고 맞공격은 문제가 되지 않으며 흑이 무너지는 모양이다.

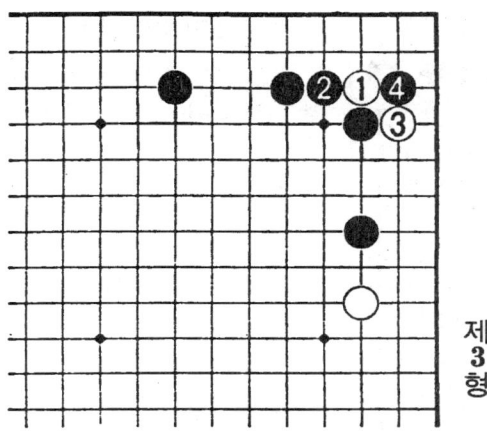

## 제3형　정수일발

　(백선)　이것이 맥이다 하고 둘 수 있는 수를 소개한다. 백1, 3에 계속되는 한 수는?

　백1로 날일자굳힘의 배에 붙이고 흑4까지는 상식적인 진행이나 여기서 백에게 선명한 결정수가 있다.

### 1 도(결정타)

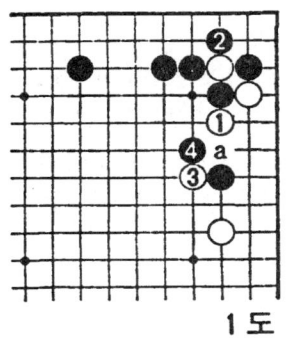

1 도

　백1로 단수치기를 하고 싶으나 약간 공격부족. 이 다음에 백3의 붙임에는 흑4로 젖혀도 혹은 a로 뻗어도 결정타가 되지 않는다.

　백1로 단수를 치면 실패. 흑의 엷음을 추격하고 백2로 뻗는 맛을 노려 계략을 꾸민다.

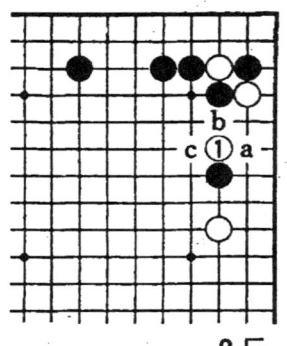

**2 도**

### 2 도(정수일발)

백1의 붙임 수를 깨달았는지. 정수라는 말이 딱 들어맞는다.

흑 a라면 백b, 흑b라면 백a, 흑c라면 백b에서 모두가 흑진을 파괴할 수 있다.

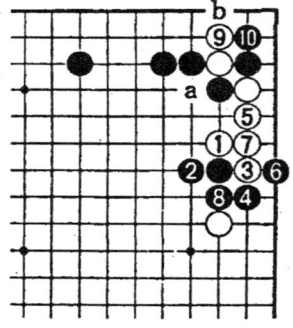

**3 도**

### 3 도(저항)

흑2의 뻗기가 강한 저항이나 백3, 5로 호구치기를 하고 9의 뻗기가 성립한다. 그러나 기뻐하는 것은 빠르다. 흑10으로 나오면 어떻게 하는가. 당황하여 백a로 끊으면 흑b로 건너 백은 전멸이다.

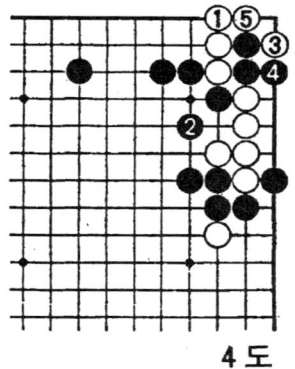

**4 도**

### 4 도(살기)

백1의 내리기가 냉정한 수. 흑2에 백3, 5로 누르고 산다. 백3으로 실수하여 꼬부라지면 흑3으로 오궁도로 죽기가 된다.

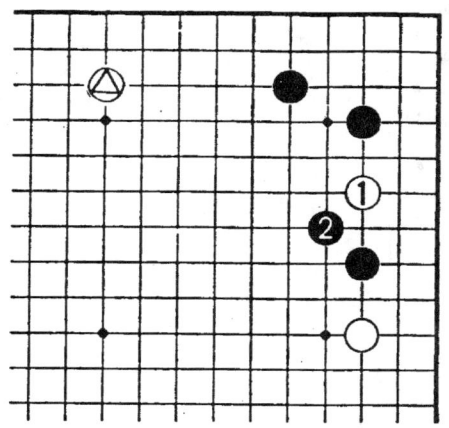

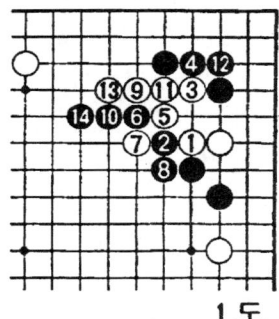

1 도

## 제4형 탈출의 정수

(백선) 백1의 침투에 흑2로 마늘모굳힘을 하여 괴로운 것 같지만, 정수의 연타에 의하여 탈출한다.

좋은 곳에 침투하였으므로 맹렬한 공격은 각오하고 있다. ⓐ이 없어도 침투는 성립하고 더욱 우측으로 접근하면 유리하다.

1 도(달아나다)

백1의 밀기는 강수이나 무리이다. 흑2로 젖히면 백3, 5로 속수로 탈출을 도모할 수밖에 없다. 여기서 흑은 7로 뻗어도 되나 다시 흑6으로 추궁한다. 백7 이하 어떻게 탈출할 수는 있어도 흑이 얻은 두터움이 훨씬 더 우세하다.

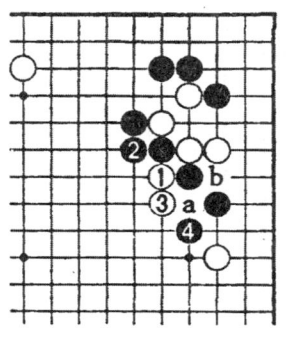

**2 도**

### 2 도(무리)

1도의 백7로 단수치기를 하는 수로써 1로부터 단수치기를 하는 것은 무리. 백3으로 뻗어도 흑4로 마늘모자군힘을 하고 나오기까지이다. 이 다음에 백a는 흑b로 되고 백4점은 안정될 수 없다. 또한

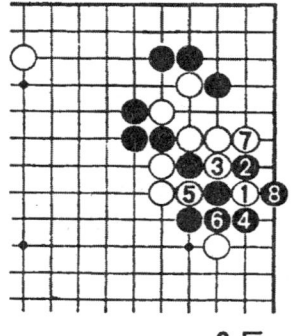

**3 도**

### 3 도(탈출)

2도의 모양은 백1로 붙이는 수가 있으나 흑2로 젖히고 4로 단수치기를 하면 된다. 백5로 따 내어도 연결되었을 뿐 한집도 없고 전체가 공격 당하지 않을 수 없다. 변의 1점의 고통에 눈을 가릴 정도이다.

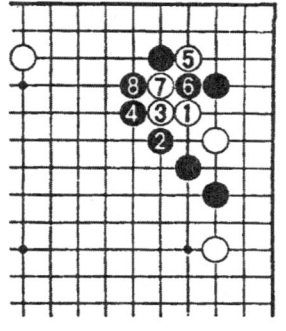

**4 도**

### 4 도(공배 메꾸기)

밀고 나오는 수가 잘 되지않으면 백1로 마늘모군힘을 하는 한 수. 이어 흑2로 추궁하였을 때가 중요. 백3으로 밀고 5로 붙여 넘어도 흑6, 8에서 공배 메꾸기 때문에 속수무책이다.

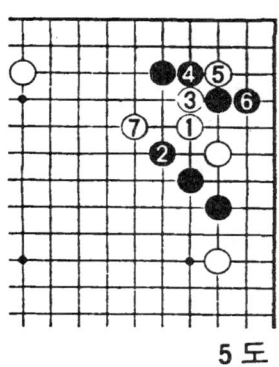

**5 도**

### 5 도(탈출)

흑2로 마늘모자굳힘을 하면 백3, 5의 나와 끊기가 정수. 흑6에 백7로 간단하게 탈출한 다.

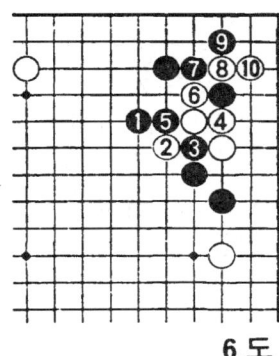

**6 도**

### 6 도(살다)

마늘모굳힘이 아니고 흑1로 씌우면 어떻게 하는가. 백2로 마늘모굳힘을 해도된다. 노골적으로 흑3으로 끊으러 와도 백4의 잇기로부터 6이하에서 간단히 산다. 흑의 외세는 엷고 백이 충분한 갈림이다. 흑3에서,

### 7 도(백 불충분)

1로 추격 당하면—. 백2, 4로 밀고, 탈출할 수 있으나 이 운용은 무겁고 대책이 없다는 느낌이다. 날일자굳힘의 결함을 노리고 좋은 처리가 있을 뿐이다.

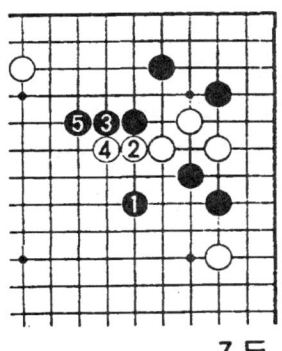

**7 도**

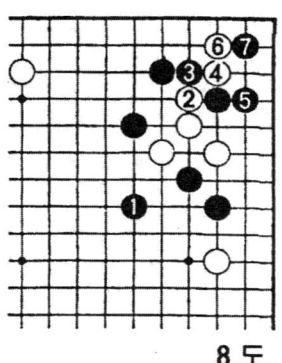

**8 도**

### 8 도(처리 수)

백2, 4로 나와 끊는 것이 늦추지 않는 처리수가 된다. 흑5의 내리기에 백6, 흑7을 결정하고,

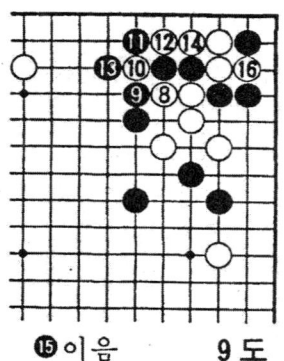

**❶이음**　　**9 도**

### 9 도(흑의 무너진 모양)

계속해서 백8, 10으로 나와 끊는다. 흑 11에는 백12, 14로 조이고 흑이 무너지는 모양. 이으면 백16으로 나오고 귀를 차지하기까지이다.

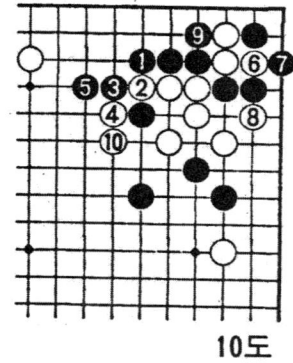

**10도**

### 10 도(백 충분하다)

실제로는 깨닫고 흑1로 뻗겠지만, 백은 2로 나와서 4로 끊고 6, 8에서 건너기를 봉쇄하고 10으로 돌아온다. 두터운 모양으로 안정되고 우변의 흑3점에 대한 공격도 노릴 수 있으므로 백이 성공이라고 할 수 있다.

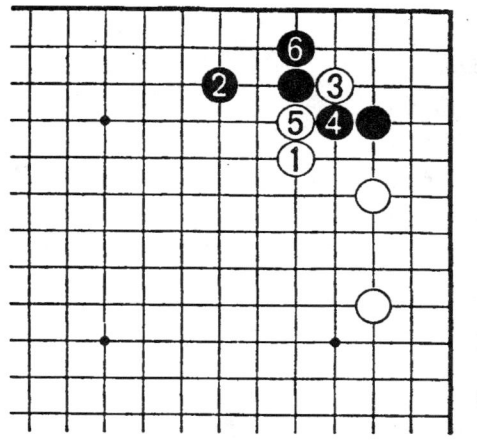

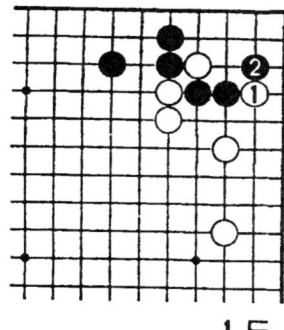

1 도

## 제5형 사석의 활용

(백선) 백1에 흑2로 응하고 백3에 흑4로 응수하였다. 모양을 결정하는 백의 정수는.

백1은 우변을 부풀게 하는 호점. 백3의 붙여넘기도 정수. 이하 흑6까지 실전에서는 싫증이 나도록 많이 나오는 모양이다. 그러나 이 다음을 어떻게 결정하는가. 뜻밖에 모르는 분이 많은 것같다.

1 도(붙임 수)

백1의 붙이는 것은 하나의 정수이나 흑2로 눌리어 공격부족이다. 그러면 이미 다 알 것이다. 썩 좋은 정수는 아니나 알아두면 손해는 아니다.

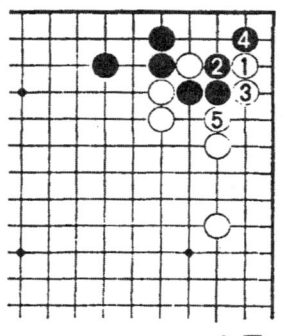

**2 도**

## 2 도(상용 수)

백1의 놓기가 상용 수가 되고 있다. 흑2의 받기라면 백3으로 건너고 흑4, 백5까지 백이 충분한 모양이다. 이것은 흑의 불리한 모양일 것이다.

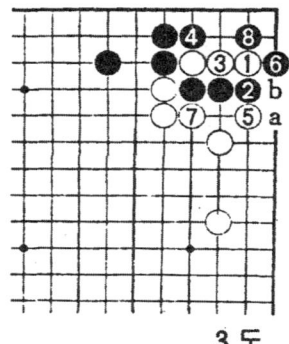

**3 도**

## 3 도(불완전)

그런데 백1에는 흑2로 차단하는 것이 보통이다. 백3으로 이어서 사석으로하고 흑4에 백, 5, 7로 조여 이것으로 큰 전과를 얻었다. 그러나 완전하지 않다. 백5에서,

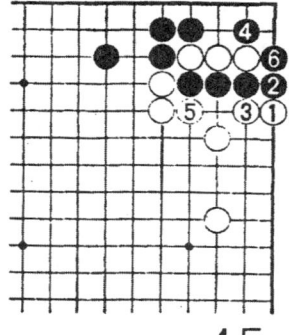

**4 도**

## 4 도(정수의 효과)

1로부터 나가는 것이 깨닫기 어려운 정수. 흑2이하가 필연으로 멋있는 외세를 얻었다.

3도에서 백a로 두고 흑b로 받게하는 것이 되고있다.

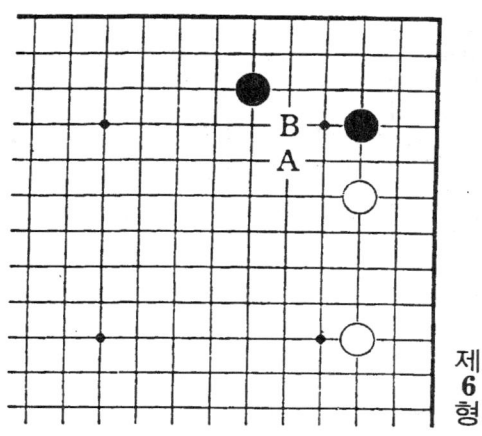

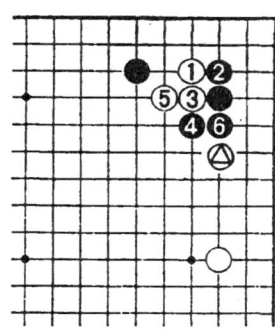

## 제6형   눈목자굳힘의 약점

(백선) 백이 잔뜩 다가서고 있는 모양. 눈목자굳힘을 어떻게 파괴하는가.

눈목자굳힘으로 힘껏 다가서

**1 도**   면 흑은 A 혹은 B로 받는 것이 보통. 받지않으면 백으로부터 침략하는 상용 수가 있다.

### 1 도(흑 호형)

백1로 침입하는 것은 급소를 찌른 것이라고 할 수 없다. 흑2로는 귀로부터 누르는 것이 호수. 이하 백 3, 5로 굳힘은 파괴하여도 잇는 모양이 좋고 백은 빈삼 각의 급소. Ⓐ에 대한 흑의 영향이 크다.

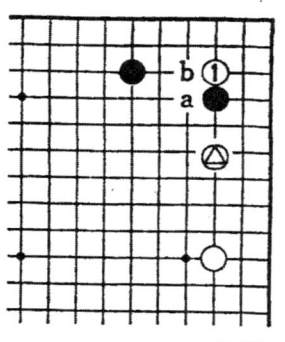

2 도

### 2 도(급소의 붙임 수)

백1로 눈목자굳힘의 배에 붙이는 것이 ②와 호응하고 굳힘을 파괴하는 급소. 흑은 a로 부드럽게 끄는 수와 b로 누르는 수가 있다.

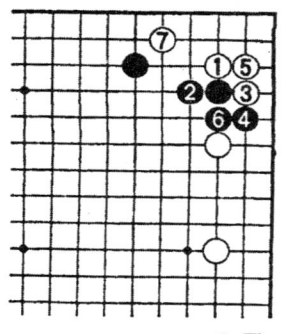

3 도

### 3 도(살다)

백1에 흑2의 끌기라면 백3, 5의 젖히기로부터 7로 달리고 간단하게 산다. 이 모양은 흑의 날일자굳힘 받기에 3三침공을 한 결과와 같다.

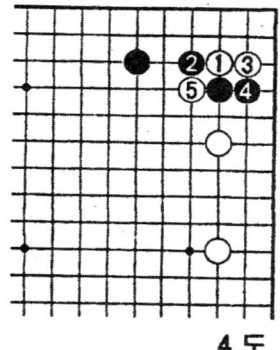

4 도

### 4 도(축머리관계)

백1에 흑2로 누르면 백3으로 내리고 흑4에 백5로 끊고 귀찮은 축머리가 발생한다.

그 전에 백5로 끊지않고,

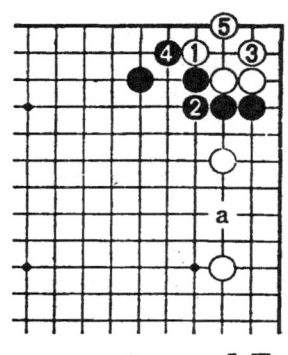

**5 도**

## 5 도(작게 살다)

1로 젖히고 3으로 두면 살기는 산다. 그러나 이 살기는 작고 흑은 결함이 없는 모양이 되고 a의 침투 등이 강렬하게 된다. 백3에서 4로 욕심을 내면 흑3으로 붙이어 전멸할 우려가 있다.

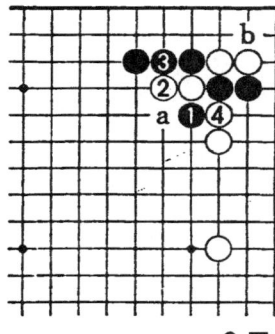

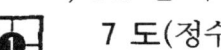

**6 도**

## 6 도(축 머리)

본제로 돌아와서 4도 다음에 흑의 축머리가 좋으면 1로 단수치기를 하고 3의 잇기가 성립한다. 백4라면 흑a에서 축머리. 백4에서 a로 축머리를 막으면 흑b에서 귀의 2점을 잡기까지.

흑의 축머리가 불리하면 1, 3은 둘 수 없다. 그 때는,

## 7 도(정수)

흑1로 붙이고 변화하는 것이다. 이 붙임 수도 정수. 백2는 흑3으로 불리하기 때문에,

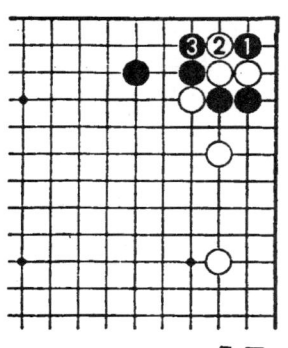

**7 도**

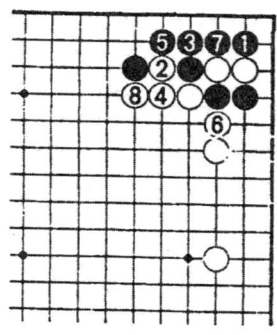

8 도

### 8 도(백 약간 유리)

굳힘을 파괴한다는 것은 체념하지 않을 수 없다. 백2, 4로 2점을 버리고 두터움을 구축하는 것이 된다. 백6을 막고 8로 밀고 이 모양의 흑이 낮으면 백이 충분하다고 판단된다. 굳힘은 파괴할 수 없었지만 이렇게되면 목적은 충분히 달성하였다.

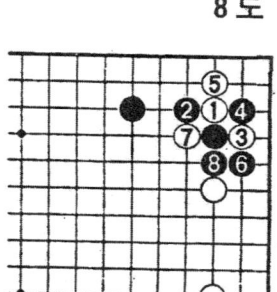

9 도

### 9 도(정수와 비슷하고)

백1로 붙이고 3으로 젖히는 것이 정수로 보이나 흑4, 6으로 저항하여 위험 백7로 끊어도 흑8로 잇고 좋은 수가 없어 숨이 막히는 상태이다.

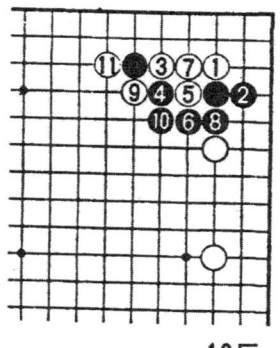

10도

### 10 도(큰 벌이)

백1에 흑2로 내리는 것은 욕심장이. 백3으로 붙이고 굳힘은 흔적도 없이 파괴된다. 흑8로 잇지않을 수 없고 백9, 11이 되면 너무 심한 모양이다.

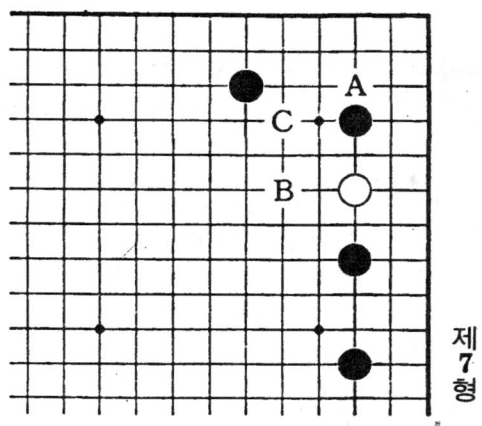

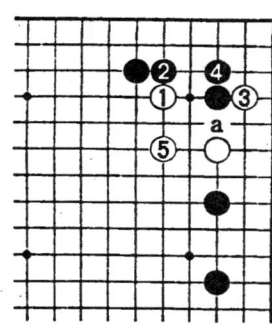

1 도

## 제7형 정 형

(백선) 백A로 붙이는 것은 귀에서 살아 재미없는 경우, 백은 어떻게 처리하는 것이 좋은가.

백B 등으로 달아나기만하는 것은 흑C로 굳힘을 강화하여 재미없다. 굳힘에 기대어 처리하고 싶다.

1 도(상용)

백1의 어깨짚기가 가벼운 호수. 흑2에 백3이 활용할 수 있는 붙임 수. 흑4로 끌면 백5로 뛰어 모양을 만들고 이제는 별로 공격 당할 걱정은 없다. 다음에 다시 백a로 보강하게 되면 훌륭한 두터움이다.

백1, 3은 상용의 수로서 익혀두도록.

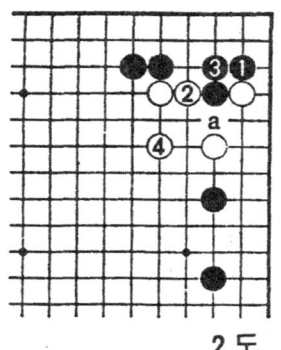

**2 도**

## 2 도(수순)

백의 밑 붙임에 흑1로 누르면 백2의 부딪치기로부터 나가는 수순. 단수치기를 당하면 견딜 수 없으므로 흑3으로 잇는 한 수이나 백4로 모양을 갖추고 충분한 처리. 이 다음에 흑a 를 생략하면,

**3 도**

## 3 도(노림)

백1, 3의 나와 끊기가 상당한 노림이 된다. 흑4 쪽을 이으면 백5로 붙이는 수가 있다는 것은 이미 알 것이다.

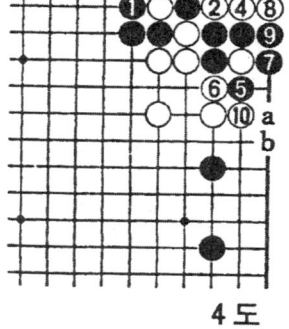

**4 도**

## 4 도(조이기)

흑1, 3으로 잡으면 백2로부터 4가 사석을 이용한 정수. 백1 0까지로 선수를 결정하고 a의 내리기나 패 노리기의 b의 마늘 모굳힘 등이 있다.

귀로부터 누르지않고 흑1, 3으로 백을 건너게하는 것이 상장이나 이 결과도 물론 백에 불만은 없다.

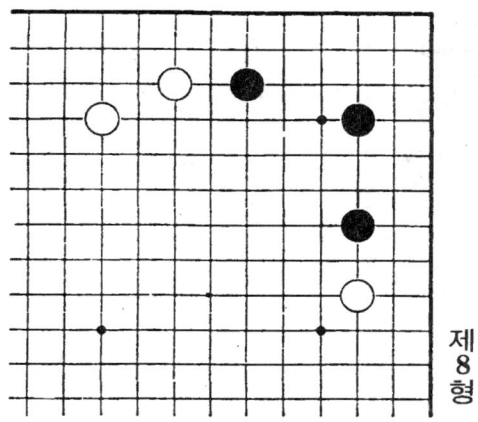

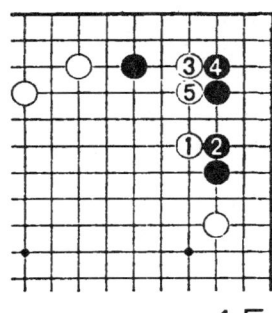

## 제8형 연계 수

(백선) 눈목자굳힘에 2칸벌리기를 가한 모양. 굳힘을 파괴하는 급소는?

정수의 재미는 상대방의 응수에 의하여 눈부시게 변화하는 것에 있다. 제1의 정수, 제2의 정수를 준비하여 놓지않으면 안된다. 우선 제1의 정수는,

**1 도**

1 도(대성공)

백1의 어깨짚기이다. 흑2에 백3으로 둔다. 만약에 흑4로 누르면 백5에서 대성공이라는 것은 말할 것도 없다. 백1이 좋은 막기가 되고있다는 것이 자랑. 먼저 백3, 흑4로 나가면 백1에 반드시 흑2로 받는다고 할 수 없다.

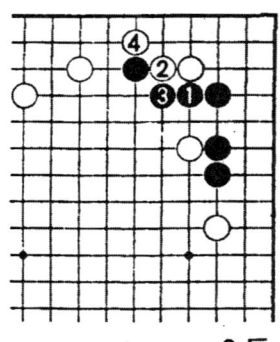

2 도

## 2 도

귀로부터 누르지않고 흑 1, 3으로 백을 건너게하는 것이 상용이나 이 결과도 물론 백에 불만은 없다.

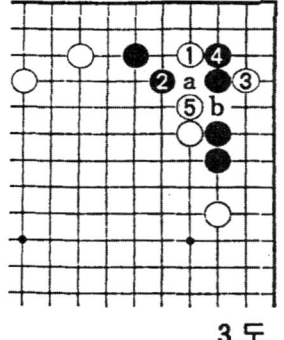

3 도

## 3 도(제2의 정수)

어깨 짚기로부터 백1의 연계 수에 흑2로 마늘모굳힘을 하면 백3의 붙임이 선명한 수가 된 다. 흑4로 견실하게 응하려고 하여도 백5로 뻗고 앗하고 놀라 게 된다. a와 b가 건너다 보기 로써 흑은 무엇을 두었는지 알 수 없다.

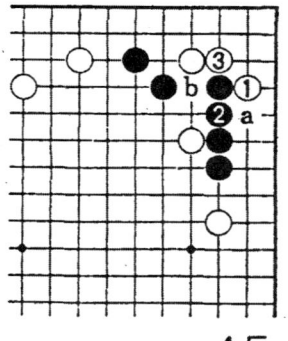

4 도

## 4 도(살다)

백1에는 흑2로 줄바둑을 두는 정도. 이것이라도 살면 충분하 다. 흑2에서a는 백b로 나오고부 터 백3, 1로 급소에 붙이면 어떻게 해도 정수이다.

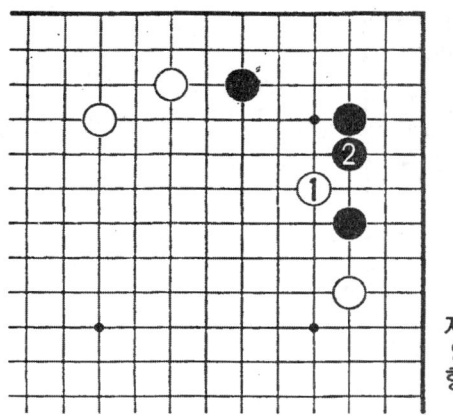

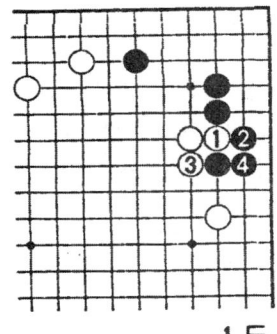

1 도

## 제9형 헛수와 정수

(백선) 전형의 변화를 꺼리어 백1에 흑2로 늘려 받았다. 그러나 이것은 헛수이다.

흑2는 막기. 이 수를 두게한 것만으로도 백1의 작용은 충분. 백은 즉시 나가지 않아도 되나 수단을 구한다.

1 도(나오다)

백1로 나오고 3으로 구부리는 정도는 흑을 굳히게 할 뿐 손해이다. 아무 것도 두지않는 것이 좋을 정도이다.

백1의 나오기는 결정수로 남겨둔다. 허면 급소는 어디인가.

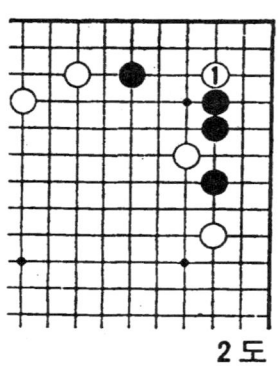

**2 도**

## 2 도(절묘)

백1로 2점의 머리에 붙이는 것이 가벼운 수. 이것으로 수가 되고있다.

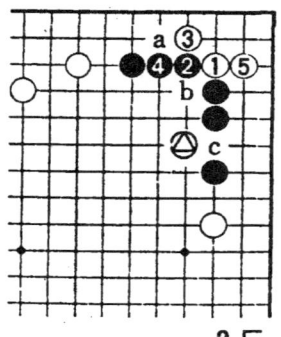

**3 도**

## 3 도(살다)

백1에 흑2라면 백3으로 맞 젖힌다. 흑4로 양보할 수밖에 없고 백5에서 산다. ◎가 미끼의 역할을 충분히 다하였다. 흑4에서 a의 누르기는 백b의 단수치기로부터 c의 나오기가 성립한다. 또한 흑4에서 5로 단수치기를 하는 요령.

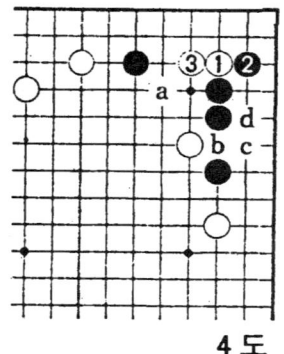

**4 도**

## 4 도(좋은 수)

백1에 흑2로 귀부터 눌러도 백3으로 뻗어 잡히지 않는다. 흑2에서 a로 통채로 삼키려고 해도 백b, 흑c, 백d로 끊기어 잘 되지않는다. 확인하여 주도록. 어쨌든 좋은 수이다.

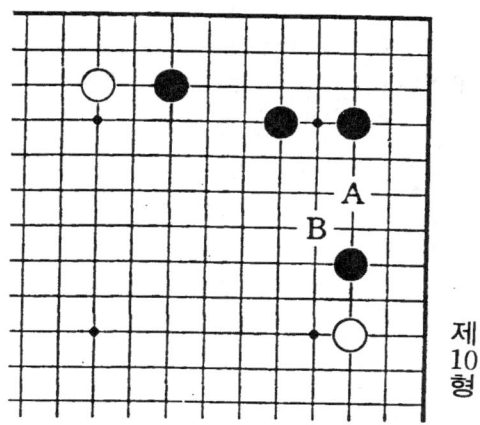

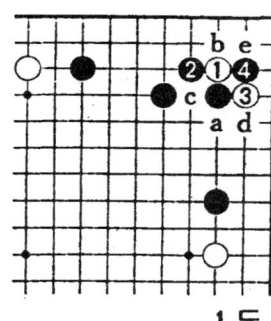

1 도

## 제10형 양 날개

(백선) 1칸굳힘으로부터 양 날개를 벌린 모양. 파괴할 수 있는 급소는?

날일자굳힘과는 달리 백A 의 침투는 흑B로 마늘모굳힘 을 하여 잘 되지 않는다.

여러가지 노림이 있으나 우변의 백 모양을 부풀게하 고 싶을 때는,

1 도(우변을 중시)

백1의 붙임 수가 유력. 귀를 찾게하려는 것이 아니 다. 흑2에 백3으로 젖히고 다음에 흑a라면 백b에서 산다. 따라서 흑은 4로 끊는다.

백1에 흑c로 줄바둑을 두는 것은 백3, 흑d, 백e에서 간단한 수.

흑4에 계속해서,

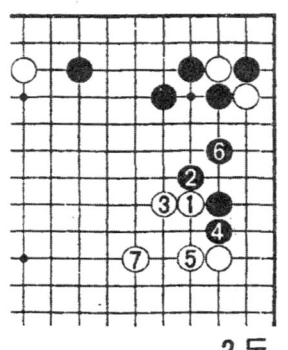

**2 도**

## 2 도(당당한 겨누기)

일전하여 백1, 3의 뻗기가 노림. 흑6의 대비에 백7로 뛰고 우하에 백의 화점이나 굳힘을 상정하고 당당한 겨누기가 된다.

흑6을 생략하면

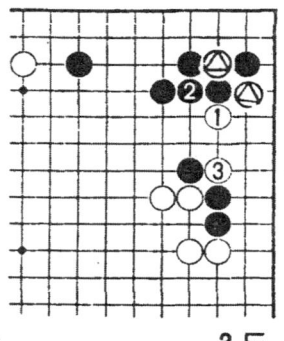

**3 도**

## 3 도(수)

백1로부터 3으로 끊고 간단하게 수. 이것도 ◬을 둔 효과이다. 먼저 변을 붙이고부터 3三으로 붙여도 흑은 1도의 2, 4로 받는다고 보장할 수 없다.

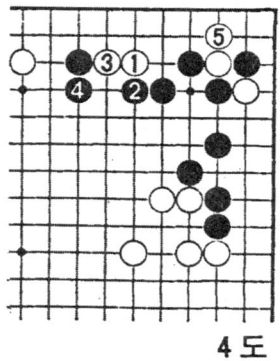

**4 도**

## 4 도(정수의 효력)

2도에는 아직도 백1로 침투하는 여지가 남아있다. 흑2, 4라면 백5로 뻗고 어떻게라도 수가 있는 모양이다.

이와같이 언제라도 효력을 상실하지 않는 것이 정수의 작용이다.

68

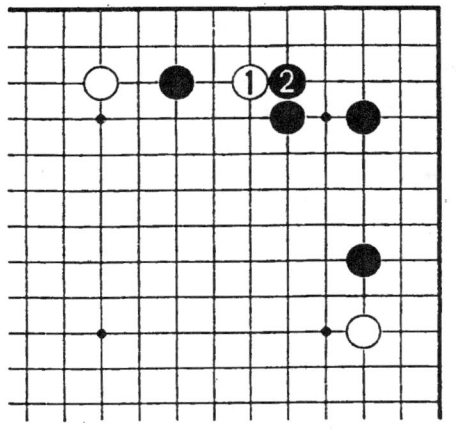

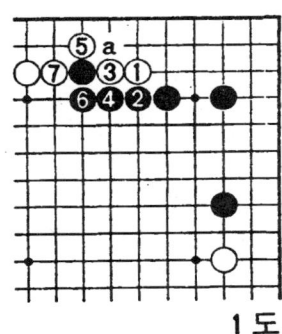

1 도

## 제11형 연 구

（백선） 백1의 침투에 흑2
로 받았다. 처리 수는?

1칸굳힘으로부터 양 날개를
편 이 모양은 백1도 급소로서
특히 윗변을 중시하고 싶을
때 유력하다.

흑2의 누르기는 이 한 수.

1 도(허술하다)

흑2로 위로부터 누르는 것은 백7까지(혹은 a)로
건너서 불만은 없다.흑의 허술한 예도이다.

백1에 흑4로 마늘모굳힘을 하는 것도 맛이 나쁜
수이다(제12형 참조).

그런데 제11형 흑2에 계속되는 정수는?

69

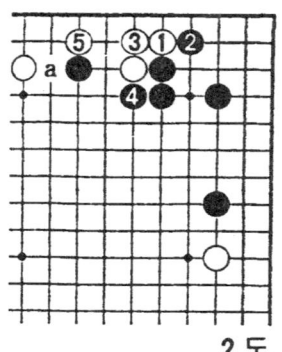

**2 도**(한 걸음 더)

백1, 3으로 젖히고 5로 건넌다. 적당한 갈림이나 약간 불만. 게다가 흑4에서는 a로 부딪치는 난폭함도 예상된다.

**2 도**

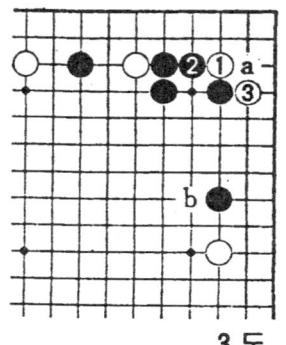

**3 도**(정수)

백1로 붙이는 것이 역시 본수이다. 흑2로 받는 것은 우형으로 걱정이 된다. 백3으로 젖혀서 변화하고 이어서 흑a라면 백b로 나가는 요령은 전형에서 배웠다.

**3 도**

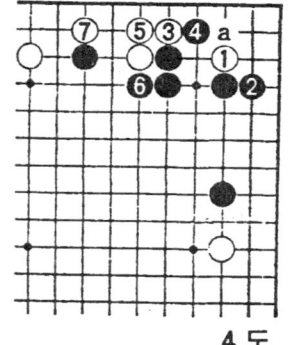

**4 도**(효과)

백1에 흑2라면 거기서 백3, 5로 젖힌다. 흑6으로 구부리는 정도임으로 백7로 건너고 a의 큰 끝내기가 넘은 것은 1의 붙임 수를 둔 효과이다.

**4 도**

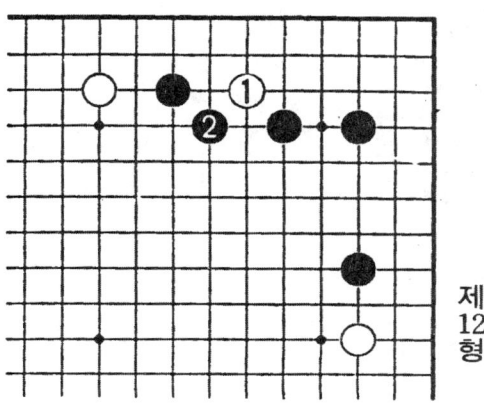

## 제12형 두려운 수

(백선) 백1의 침입에 흑2
는 있을 수 없는 수. 처리의
급소는?

그러나 정리를 하고 잡으려
는 두려운 수이다. 정수를
모르면 흑의 무리가 통한다.

1 도(무책)

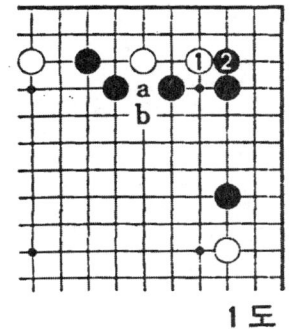

1 도

백1의 들여다 보기는 흑2
로 받아서 속수무책. 백a로
나와도 흑b로 눌려 그 뿐이
다.

전형까지를 잘 이해하고
있으면 어디가 급소인지 곧
알 수 있을 것이다. 1칸굳힘의
약점이라면 이미 알 것이다.

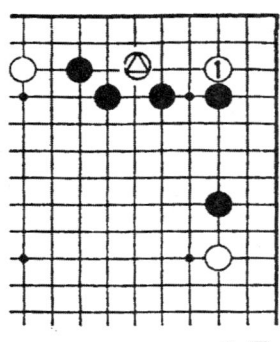

**2 도**

## 2 도(정수)

백1의 붙임이 예의 정수. ⨀로 떨어져 있으므로 깨닫기 어려울른지도 모르나 ⨀와 1은 밀접하게 관련하고 있다.

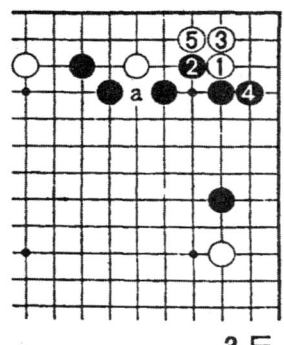

**3 도**

## 3 도

흑2라면 평범하게 흑3으로 내려도 된다. 흑4에 백5로 기고 흑에 a의 구멍이 있는 한 죽지는 않는다. 흑4에서 5라면 백4로 젖히고 편안하게 산다.

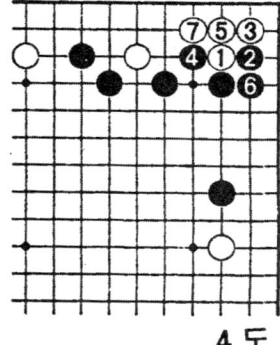

**4 도**

## 4 도(제2의 정수)

흑2로 젖히면 백3의 맞 젖히기를 익혀 두었으면하는 제2의 정수. 흑이 5의 곳을 끊을 수는 없고 흑4, 6이라면 백7로 기고 역시 살게된다.

백3의 정수를 모르면 모처럼의 백1도 무의미하게 끝난다.

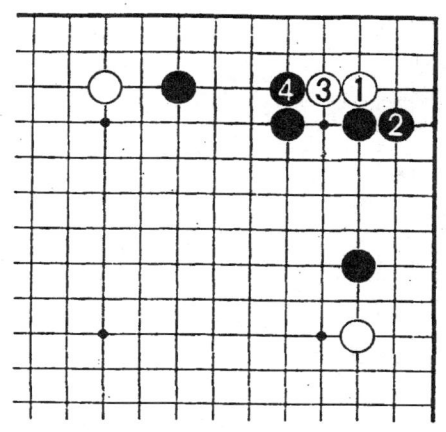

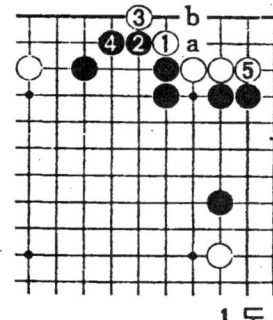

1 도

## 제13형 너무 버티기

(백선) 백1의 붙임에 흑 2, 4는 맛이 나쁜 버티기. 간단히 수로 보자.

흑2는 주위가 강한 경우에 만 성립한다. 3의 누르기가 본수.

2, 4는 참으로 맛이 나쁘고 어떻게 두어도 수가 된다. 일예로,

1 도(패)

백1, 3의 2단젖히기가 정수. 흑a라면 백b로 맞서 패다. 흑4로 끌어도 백5로 눌러 역시 패에는 변함이 없다.

다만, 더욱 선명하게 결정하고 싶은 분은 약간 불만 일런지 모른다. 그때는,

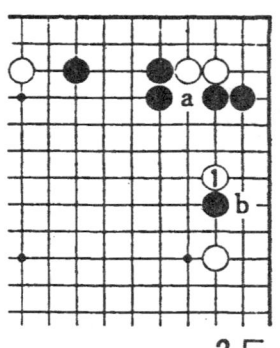

**2 도**

## 2 도(정수)

백1로 붙이는 수를 깨달았을까. a의 나오기를 곁눈질로 노려보고 정수라는 용어가 딱 들어맞는다. 구멍이 비고있는 한 흑도 실수를 하면 안된다. 흑a로 잇는 정도의 방법일지 모르고 백b로 건너서 대성공.

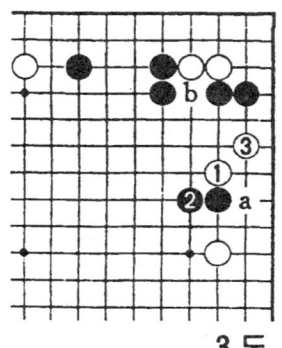

**3 도**

## 3 도(건너다 보기)

백1에 흑2로 뻗으면 백3으로 마늘모군힘을 하는 수. a의 건너기와 b의 나오기를 건너다 보고 물론 백이 대성공이다.

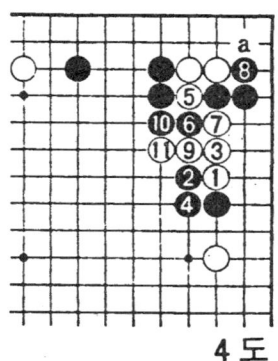

**4 도**

## 4 도(돌파)

흑2, 4가 최강의 저항이나 백3으로 뻗고 5의 나오기가 있어서는 지탱할 수 없다. 흑6에 백7로부터 9, 11로 돌파 귀는 백a로 누르면 즉시 수가 생긴다.

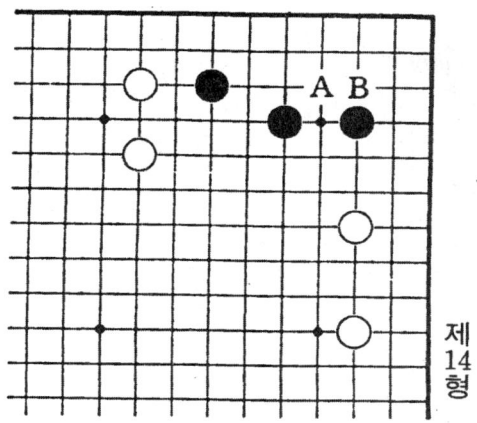

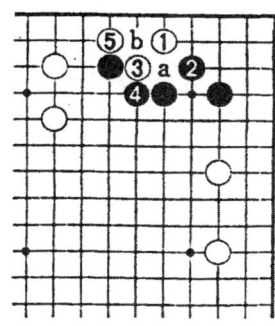

1 도

## 제14형 견실한 진지

(백선) 1칸굳힘으로부터 날일자굳힘으로 다가선 견실한 겨누기도 정수에 의하여 편안한 수가 된다.

좁은 범위에서의 수가 되기 때문에 정수의 몫을 다하지 않으면 안된다. 백A의 들여다 보기는 흑B로 눌러 살기를 바랄 수 없는 모양. 백B로 붙이는 예의 수도 흑A에서 이번에는 무효.

### 1 도(건너기)

백1로 잠복하는 것이 유일한 급소이다. 흑2라면 백 3, 5로 건너고 귀에로의 뛰어들기도 남고 만족할 수 있는 갈림이다.

문제는 백1에 흑a나 b로 건너기를 저지 당한 경우의 대책이다.

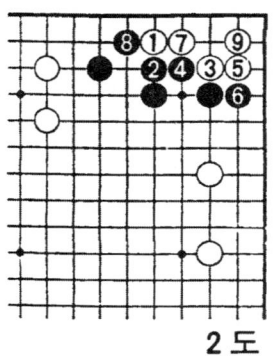

**2 도**

### 2 도(살다)

백1에 흑2라면 백3의 붙임이 멋있는 정수이다. 흑4로 응하는 것은 백5, 7로 막아 9까지 시원스럽게 산다.

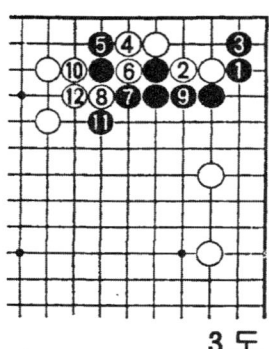

**3 도**

### 3 도(상식)

전도의 흑4에서는 1로 젖히고 9로 뻗는 것이 최강의 버티기이나 백4로부터 6, 8로 나와 끊고 흑 2점을 잡을 수 있다. 이것이 상식이다.

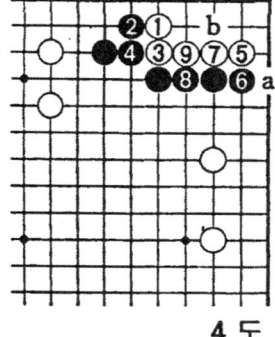

**4 도**

### 4 도(살다)

백1에 흑2로 퇴로를 차단하면 백3으로 막고 5로 놓는 수. 흑6에 백7로 두고 흑에 결함이 있기때문에 죽이는 것은 불가능하다. 백9로 잇고 a의 젖히기로 막는다.

흑2에서 4라면 백5, 흑6, 백b까지 역시 산다.

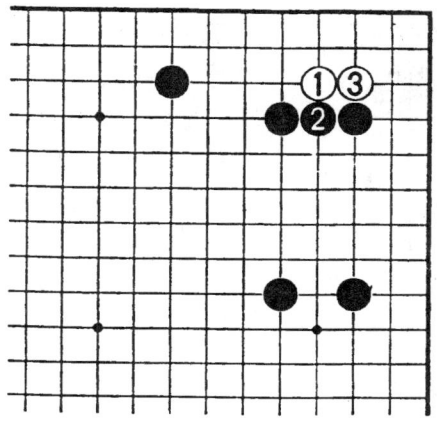

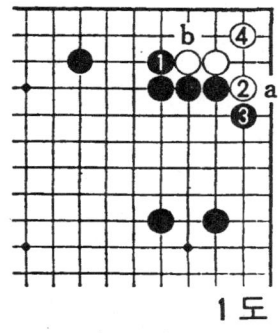

1 도

## 제15형 강 수

(흑선) 백1, 3으로 살기를 구하는 것은 1칸굳힘에 대한 상투수단. 그런데 흑의 응수는?

프로도 실수할 만한 문제이다.

1 도(보통)

보통은 흑1로 누른다고 결정되고 있다. 백2, 4로 젖혀 호구를 치고 이어 흑a로 단수를 치고 패로 하거나 b로부터 젖혀 산다.

그러나 주위의 흑이 견실한 경우에는 흑1은 완착이 될 가능성이 크다. 백을 정리하고 잡으러 나가는 강수가 있기는 하나….

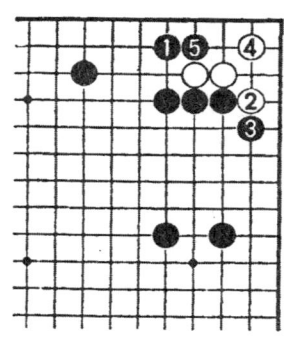

**2 도**

## 2 도(죽다)

이런 장면을 만나면 흑1로
뛰고 백을 놀라게하도록. 백
2, 4에는 흑5로 기고 간단하게
죽는다.

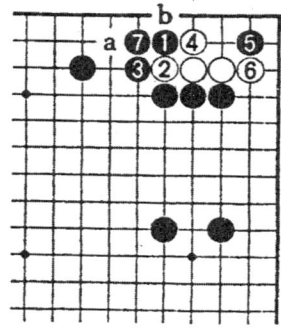

**3 도**

## 3 도(놓는 수)

백2, 4라면 흑5의 놓기가
잡기의 급소. 백6에 흑7로 잇고
살 수 없다는 것은 쉽게 확인할
수 있을 것이다. 백6에서 7로
끊으면 흑a,백b일 때, 흑6으로
건너서 죽는다.

주의하지 않으면 안되는 것은
흑5에서,

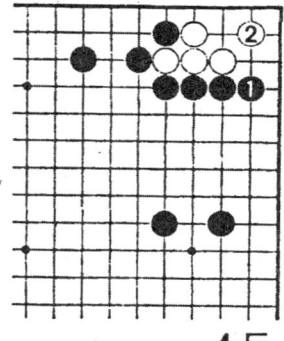

**4 도**

## 4 도(살다)

1로 내리면 안된다는 것.
흑2로 급소에 마늘모굳힘하고
무조건 죽일 수 있다.

2도, 3도의 흑1, 4도의 백2
는 모두 사활이 중요한 정수이
다.

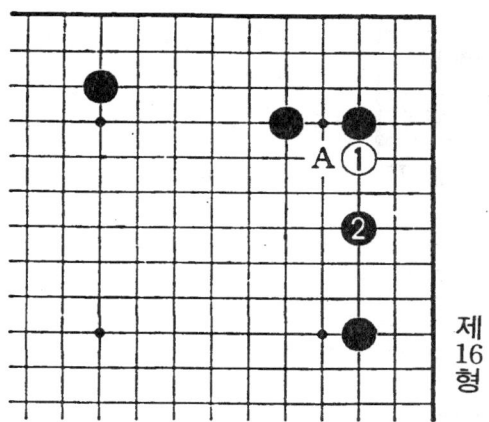

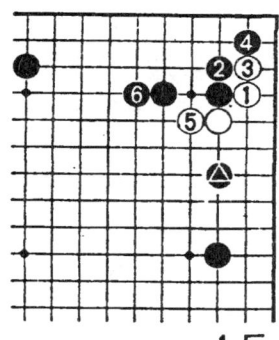

1 도

## 제16형 무리수와 정수

(백선) 백1에 흑2로 추격하는 것은 무리한 수이면서도 강수. 백이 응수를 잘못하면 심하게 당한다.

백1은 파괴로서의 수단. 흑2는 A로 부풀고 충분하다. 그것을 굳이 2로 나간 것은 노림이 있기 때문에 빠지면 당장 괴롭게 된다.

### 1 도(집없다)

백1로 남의 수에 말려 젖힐 것같은데, 이것이 흑의 주문. 흑2로부터 6 정도로 운용하고 백은 살기까지가 큰일이다. ▲이 충분히 작용하고 비록 견디었다고 하더라도 득이 없다.

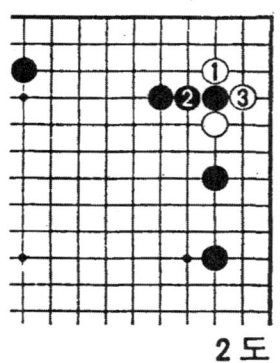

2 도

### 2 도(가벼운 정수)

백1의 협공이 흑의 주문을
벗어나는 가벼운 정수이다.
흑2라면 백3으로 건너고 다음에
끊은 쪽을 잡고 사는데 부자유
스럽지 않다.

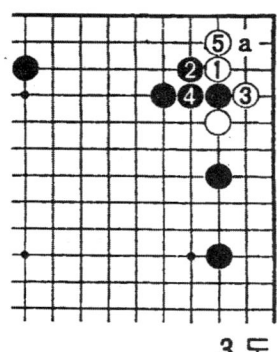

3 도

### 3 도(살다)

백1에 흑2라면 백3의 단수치
기. 흑4로는 우형으로 잇게하고
백5의 내리기까지. 5에서는
a로 호구치고 버티는 것도 생각
할 수 있다.

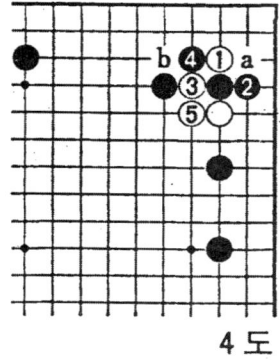

4 도

### 4 도(건너다 보기)

흑2로 내리면 백3으로 끼우고
어떻게라도 처리할 수 있는
모양. 흑4에 백5로 잇고 a의
잡기와 b로 단수치기의 축머리
가 건너다 보인다. 단, 축머리가
백이 유리할 때 한함으로 만약
의 경우를 위하여.

# 제 3 장

## 평범한 곳에
## 수있다

집안에 수 있다.

　수가 있으면 집이라고 할 수 없는데 그러한 이론은 어찌 되었든 간에 집안에 수가 있는가, 없는가를 파악하는 힘이 승패를 크게 좌우한다.

　모양을 보고 「될 수 있다」고 머리에 떠오르는 것이 있으면 성공이다. 다음에는 정수와 읽기가 뒷받침을 한다. 여기에 제시하는 정수와 읽기의 힘을 양성하는 30문, 모두가 난문으로 이의 반을 풀 수 있으면 1급 실력은 충분하다. 되도록 해답을 보지 말고 자력으로 풀기 바란다.

　일부 「관자보(官子譜)」로부터 취재하였다.

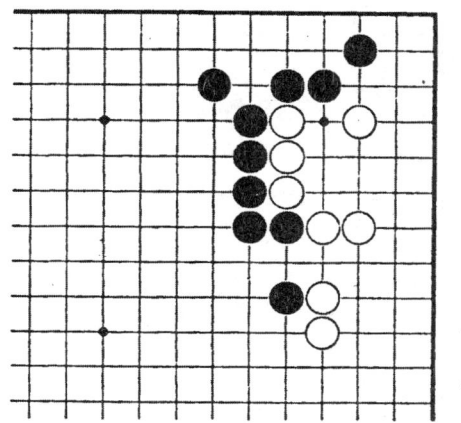

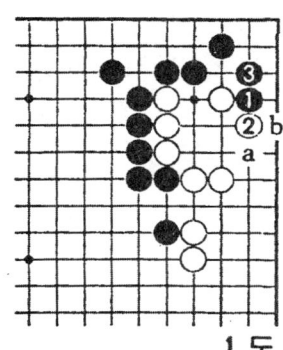

1 도

## 제1제 큰 결함

(흑선) 백집은 좋은 겨누기 로 보이나 큰 결함이 있다. 이 결함이란?

수가 밝은 분이라면 즉시 머리에 떠오를 것이다. 흑으로 부터의 정수뿐만이 아니고 백의 최선의 받기도 생각하도록.

1 도(공격부족)

마늘모굳힘을 하고 백에게 받게하는 사람은 없을 것이다.

흑1까지 나가는 것은 일단 정수. 그러나 공격부족이 다. 백2, 흑3이 되고 손을 뺀다. 이 다음에 흑 a는 백b.

크게 백의 결함을 찌르는 수라고하면?

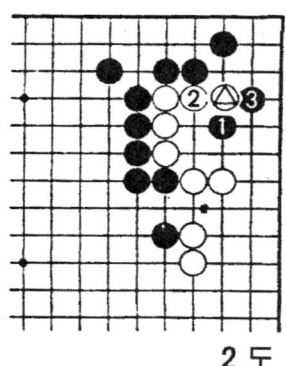

**2 도**

## 2 도(3점의 중앙)

흑1까지 나간다. ◎이 없는 모양이라면 곧 알 수 있는 급소이나 비록 있었다고 해도 이곳이 정맥이 된다. 유명한 3점의 중앙이다. 백2로 이으면 백의 공배 메우기를 나무라고 흑3의 젖히기가 성립.

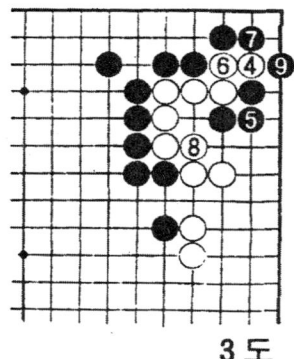

**3 도**

## 3 도(대성공)

계속해서 백4에는 흑5로 잇는 것이 좋고 백6에 흑7로 누른다. 백8로 이을 수밖에 없고 흑9로 건너서 백집을 크게 파괴할 수 있었다.

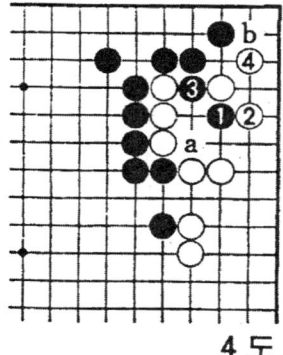

**4 도**

## 4 도(상용)

흑1의 붙임에는 백2의 젖히기가 올바른 응수이다. 흑3에 백4로 마늘모굳힘을 하고 흑a의 잡기는 단순한 6집. 오히려 백b 쪽이 클 정도이다.

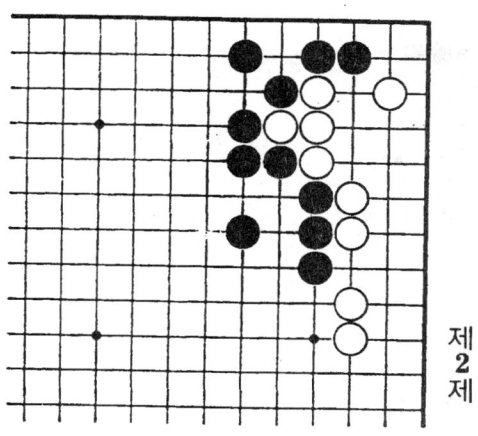

제
2
제

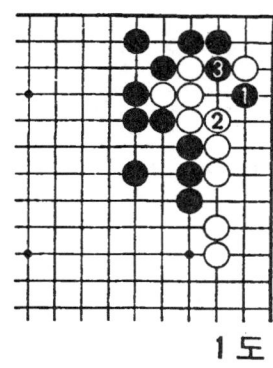

**1 도**

## 제2제 3점의 중앙

(흑선) 앞의 문제와 비슷한 모양. 백의 결함을 나무라는 수는?

나오거나 귀를 누르거나하면 안된다. 제1착은 즉시 머리에 떠 오를 것이다.

1 도(3점의 중앙)

흑1이 3점의 한 가운데. 기발한 것처럼 보이지만 여기가 역시 급소이다.

흑1의 정수에 의하여 백은 약화되었다. 상용으로서는 백2로 후퇴할 수밖에 없으나 흑3이 되어 말할 것도 없이 대성공이다.

문제는 백2에서 3으로 이으면 어떻게 하는가 하는 것이다. 읽기의 힘이 필요하다.

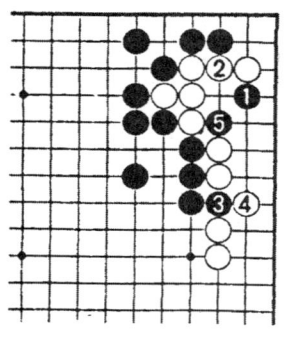

**2 도**(한길)

흑1에 백2로 이으면 다음은 한길. 흑3으로 나오고 5로 끊는다(수순은 역이라도 좋다). 이것으로 완전히 수가 생겼다.

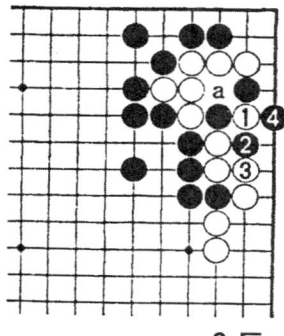

**3 도**(공격 승)

계속해서 백1로 단수치기를 하면 흑2로 맞끊는 수. 백3으로 이을 수밖에 없고 흑4로 따내고 맞공격에서의 승리는 용이하게 확인할 수 있을 것이다. 백3에서 a로 따 내거나하면 흑3으로 끊기고 더욱 더 심하게 된다.

2도에 계속해서

**4 도**(회두리)

백1이라면 흑2로 누르고 6점을 잡기까지이다. 백3은 흑4에서 회두리.

먼저 백2 흑a를 교환하여도 사태는 달라지지 않는다.

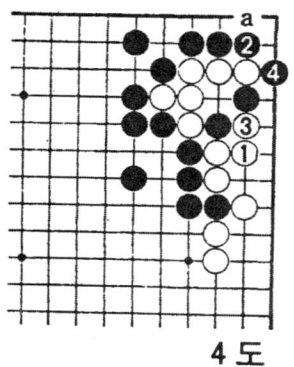

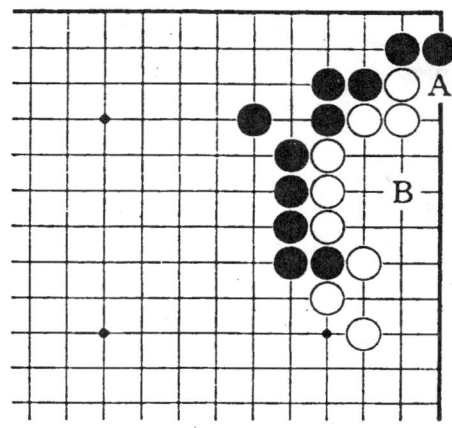

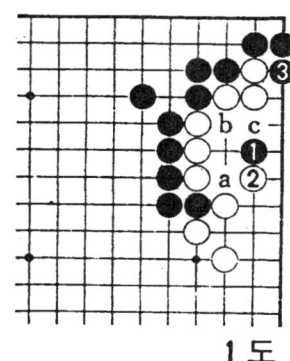

## 제3제 첫 눈

(흑선) 이것은 간단하다. 첫 눈에 머리 속에 떠 오르는 것이 있어야한다.

비슷한 모양이 계속된다. 흑A로 나오고 백B로 받게하는 사람은 없을 것이다.

1 도

1 도(3점의 중앙)

흑1의 두기가 예의 정수. 이런 모양이 되었다면 어쨌든 흑1로는 급소로 가서 손해는 없다.

백2 혹은 a라면 흑3으로 나오고 이런 상태로 건너간다.

문제는 백2에서 b 혹은 c로 응한 경우. 착실하게 읽도록.

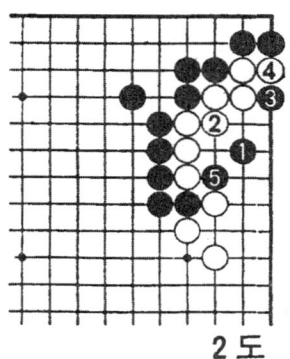

**2 도**

## 2 도(무너지다)

흑1의 급소에 백2로 잇고 받으면 흑3의 붙임이 제2의 급소. 백4로 막을 수 있는 것이라면 흑5로 끊으면 백은 모두 잡힌다. 흑3에서 4로부터 나가는 것은 백3으로 눌리어 수가 되지 않는다.

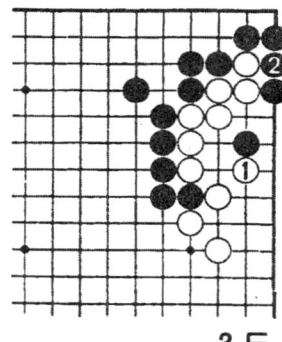

**3 도**

## 3 도(상용)

전도 3에 계속해서 백1로 잇고 흑2로 건너는 정도가 상용이다.

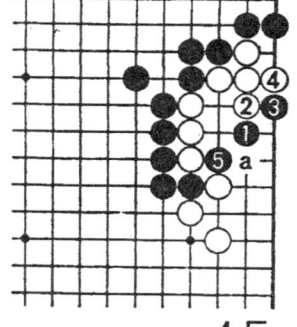

**4 도**

## 4 도(무너지다)

백2의 받기에는 한 수 흑3으로 젖히는 것이 절대의 수순. 백4로 바꾸고 흑5로 끊으면 백은 어떻게 할 수도 없다. 흑3에서 당황하여 5로 끊거나하면 백a로 단수치기를 한다.

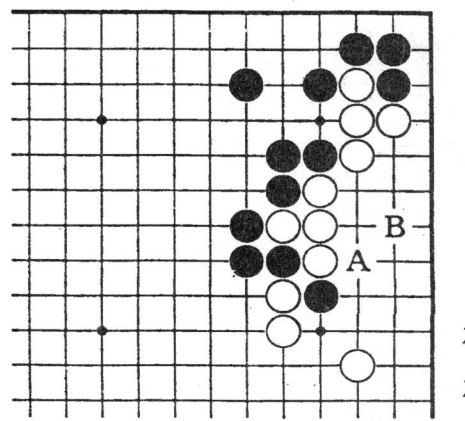

제4제

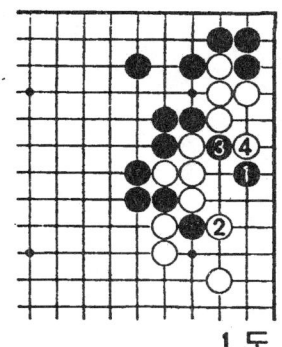

1 도

## 제4제 난 문

(흑선) 얼핏 보면 수가
없는 것같은 모양이나 정수의
위력은 대단하다.

흑A로 젖어도 백B로 받아서
수가 없다. 이렇게 말하면
제1착은 결정된 것과도 같은데
다음의 읽기가 약간 어렵다.

1 도(급소)

흑1로 급소에 놓는다. 백2로 화근을 끊으면 물론
흑3의 끊기. 이어서 백4로 단수치기를 하는데 이 다음
의 싸움이 어떻게 되는지 끝까지 읽어주도록.

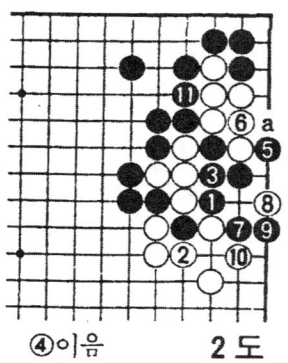

④이음　　　2 도

## 2 도(흑승)

흑1의 끊기 이하 한 길. 7로 젖히고 백8로 급소에 두어도 흑9, 11에서 맞 공격으로 이긴다. 7, 9의 꼬리는 버린다.

백8에서 10이라면 흑11에서 승. 백10에서 a라면 흑10으로 수수를 늘여도 된다.

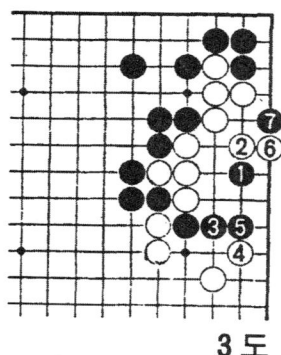

3 도

## 3 도(빅)

흑1에 백2는 흑3이하 빅이 되는 것을 확인하도록.

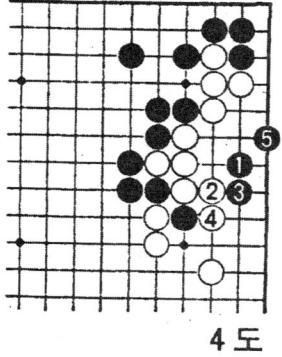

4 도

## 4도(건너기)

경계를 허술히 할 수 없는 것은 백2의 꼬부리기. 그러나 이것도 흑3으로 기고 5로 마늘모굳힘을 하는 교묘한 수가 있다. 끊기를 막으면 건너기가 있고 건너기를 중지시키면 끊기게되어 역시 싸움은 백이 패한다.

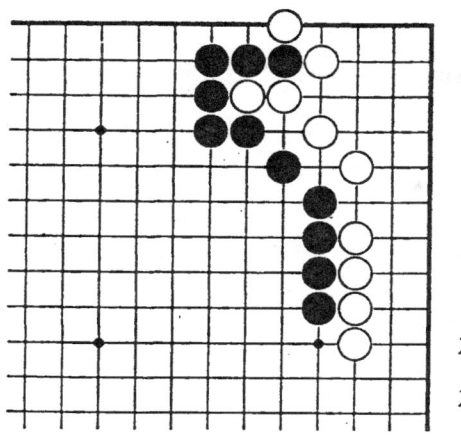

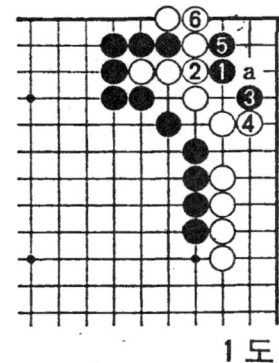

1 도

## 제5제 연 구

　(흑선) 귀를 차지할 수 있는가 없는가. 간단한 것 같으나 연구가 필요하다.

　귀를 조금이라도 삭감할 수 있다면 성공이다. 이를 차지하기 위하여는

### 1 도(죽다)

　흑1로부터 나갈 수밖에 없다. 이에 대하여 백5, 흑2, 백a가 되면 물론 흑 성공. 따라서 백은 2로 잇는 한 수.

　흑3으로 막고 5로 누르고 막기가 있어서 살고있는 것같지만 이 막기를 백6으로 봉쇄하는 호수가 있어 수가 되지않는다. 흑3에서는 연구가 더 필요하다.

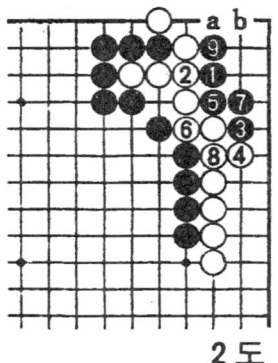

2 도

### 2 도(패)

흑1로 들여다 보고 3으로 붙이는 선명한 수. 백4라면 흑5, 7로 막고 9로 누르고 이번에는 a나 b 치중의 패를 노리는 b가 막고 있으므로 무조건 잡히지 않는다.

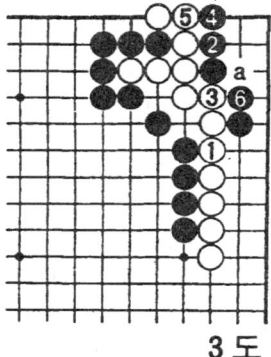

3 도

### 3 도(살다)

흑의 붙임에 백1로 이으면 잠자코 흑2로 누르면 된다. 백3일때 흑4로 막는 것이 중요한 수순으로서 6이 되어 완전하게 산다. 실전에서는 백5에서 a로 젖히고 변화하는 것이 될 것이다.

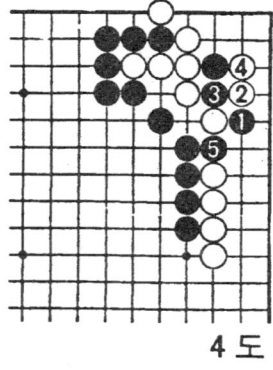

4 도

### 4 도(돌파)

흑1의 붙임 수에 백2는 무리. 흑5까지로 돌파 당하면 너무 심하다.

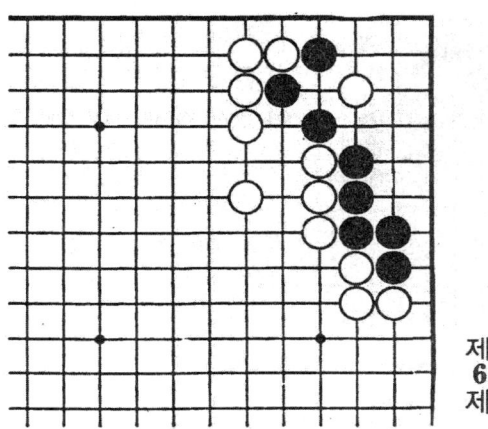

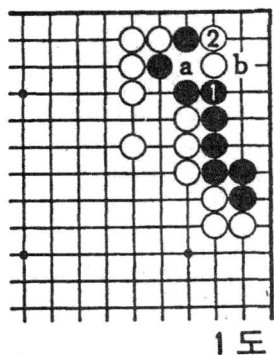

1 도

## 제6제 수가 되지않도록

(흑선) 백이 들여다 보았다. 이 핀치를 구출하는 최선의 받기는?

수로 하는 것이 아니라 수가 되지않도록 하는 문제이다. 잘못 받으면 큰 일이다.

1 도(핀치)

흑a에 잇는 것은 백1로 끊기어 당하게 된다.

흑1로 잇고 백2의 끊기를 예상하는 것은 허술하다. 흑b로 단수를 치고 무사히 견딜 수 있으나 백2로 누르는 것이 분명하다. 전체 안형이 이상하게 된다.

93

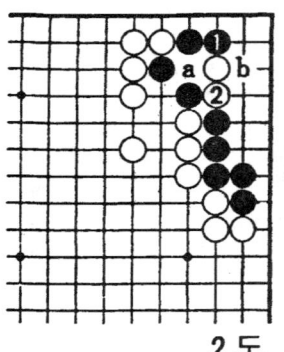

**2 도**

### 2 도(정해)

흑은 1로 받을 수밖에 없다. 이것이 정해이다. 백a로 끊으면 흑b로부터 단수를 치고 무사히 견딜 수 있다.

문제는 백2로 끊겼을 때 대책인데.

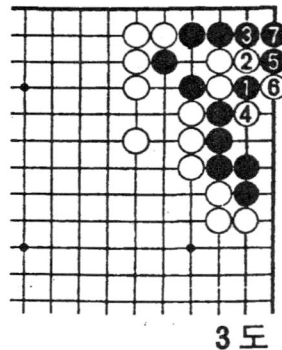

**3 도**

### 2 도(흑 승)

흑1로부터 강경하게 3으로 누르는 수가 준비되고 있다. 백4라면 흑5로 나가고 싸움은 흑 승. 백4에서,

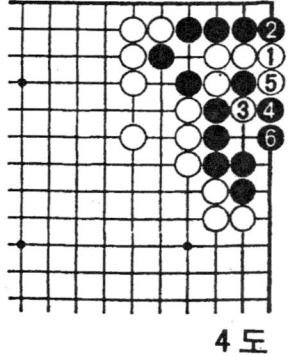

**4 도**

### 4 도(무책)

1로 내리는 수가 귀찮지만 흑2로 눌러도 된다. 백3에는 흑4로 뒤집고 6의 끝기까지. 백은 속수무책이다.

여기까지 읽을 수 있으면 만점이다.

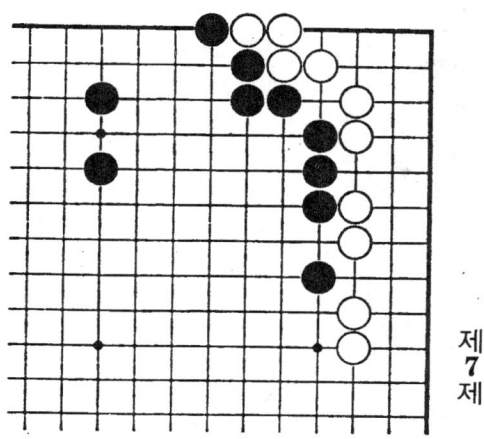

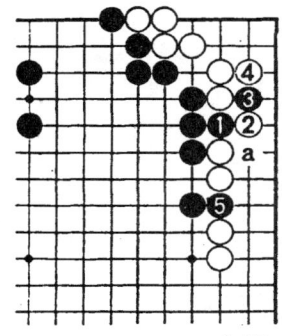

1 도

# 제7제 순간적인 찬스

(흑선) 백의 공배 메꾸기를 나무라는 멋있는 정수가 있다.

지금 백이 윗변을 젖혔다. 이 젖히기가 악수로서 백은 공배를 메꾸는 싫증나는 모양이 되었다. 흑은 잇거나 하지 말고 순간적인 찬스를 포착한다.

## 1 도(돌파)

흑1, 3으로 나와 끊는다. 백4로 단수를 치면 흑5에서 우변은 돌파 당할 것같다. 따라서 백4로는 받을 수 없고 a로 이을 수밖에 없다. 이 때는 어떠한 수가 있을까.

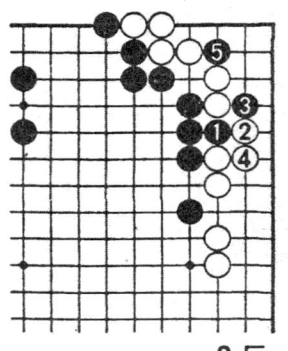

**2 도(귀수)**

흑1로부터 백4까지를 한 길로 써 여기서 흑5로 단수치기를 하는 귀수를 깨달았을까. 실로 선명한 수로서 백은 견딜 수 없다.

**2 도**

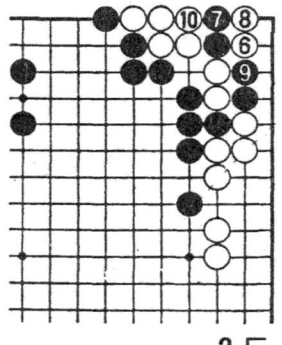

**3 도(2점으로하여 버리다)**

계속해서 백6에는 흑7로 2점으로 하여 버리는 수. 백8에 흑9로 끊고 백10으로 잡게하고,

**3 도**

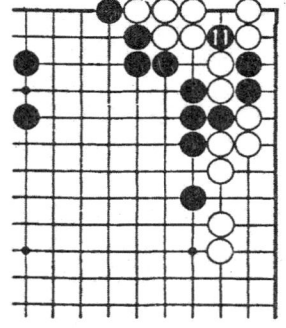

**4 도(1막 끝)**

흑11의 치중까지. 백은 잇는 수도 잡는 수도 없고 1막이 끝났다.

옛날 바둑에 유명한 기사가 이와 똑같은 수를 놓고 심하게 당하였다는 실전록이 남아있다. 이런 수단이 있으므로 백의 젖히기를 두지않을 수 없었다.

**4 도**

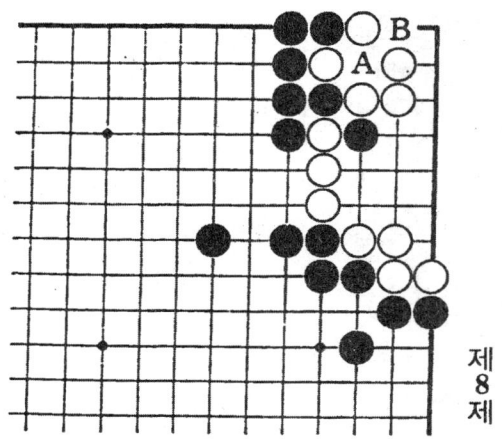

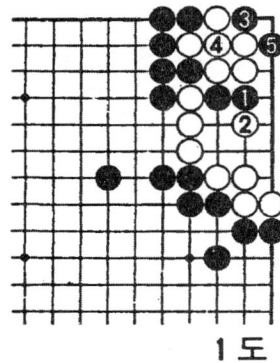

1 도

## 제8제 끝내기 수

(흑선) 흑A, 백B로 평범하게 결정해도 좋을까. 귀의 특수성을 이용하고 백집을 작게 한다.

귀에서는 믿을 수 없는 이상한 일이 일어난다.

### 1 도(패)

우선 흑1로 누른다. 백2에서 싸움에는 이길 수 없으나 흑3으로 먹여치는 묘수가 있다. 귀에서의 정수인데 백4로 욕심을 내거나 하여 흑5로 단수치기를 하고 패. 물론 흑은 대성공이다.

따라서 백4는 붙이지 않는다. 그렇다면….

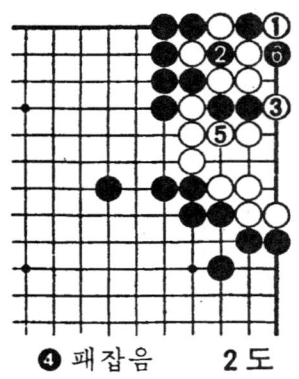

**❹ 패잡음    2 도**

## 2 도(큰 벌이)

백1로 따 내는 한 수. 거기서 흑2로 패를 잡는다. 이으면 패가 됨으로 백3으로 양보하는 정도이나 다시 흑4로 패를 잡는다. 백5, 흑6이 되고 큰 이익을 올릴 수 있다.

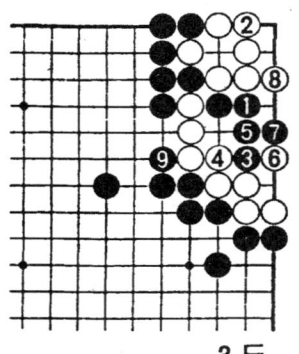

**3 도**

## 3 도(끝내기 패)

흑1에 백2로 잇는 것은 무리. 흑3으로부터 5에로의 맞공격은 백6으로 젖히고 8로 내리고 일단 백이 유리한 한 수 끝내기 패가 되나 이렇게 되면 끝내기정도가 아니다.

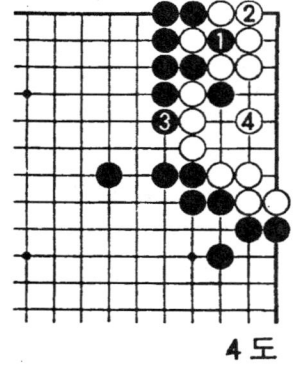

**4 도**

## 4 도(큰 차)

평범하게 흑1로 결정하면 안된다. 2도와는 6집 가까운 차가 있다.

먹여치기는 귀에서라면 호수이다.

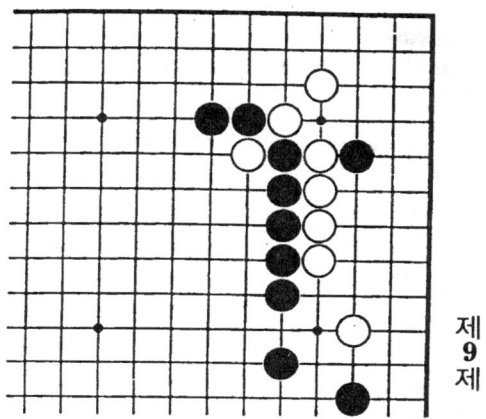

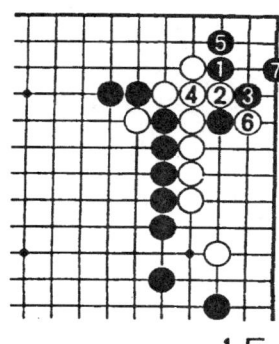

1 도

## 제9제 정　석

（흑선） 정석으로부터 생기
는 변화. 이대로 전부 백집이
된다면 귀찮다.
　정수를 알고 있으면 용이하
게 침입할 수 있는 문제이다.

1 도(상용)

흑2로 들여다 보아도 백1로 눌리어 수가 되지않는
다.
　흑1의 붙임이 정수. 이렇게 붙이면 백은 저항할 수
없고 2, 4의 끼우기로부터 흑5에 백6으로 끊고 살리는
것이 상용이나 흑에 불만이 없는 갈림이다.
　백2에서 5로 젖히면 어떻게 하는 가하는 것이 본제
의 핵심이다.

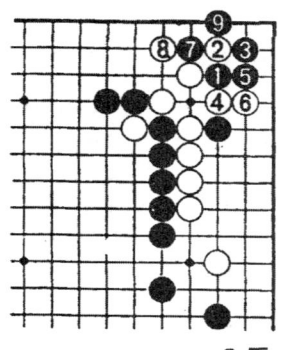

2 도

### 2 도(정수)

흑1에 백2라면 흑3으로 맞 젖히는 것이 상용 수. 이것으로 완전한 수가 되고 있다. 백은 4로 단수치기를 하고 6으로 돌파할 수밖에 없고 흑7, 9로 귀에 5집을 갖고 살고 백집은 크게 감소되었다. 백6에서,

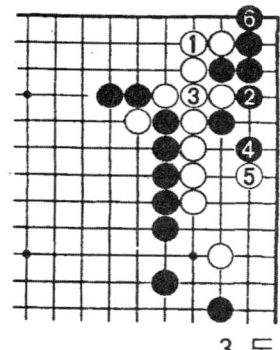

3 도

### 3 도(살다)

1로 잇고 잡으려고 하여도 무리. 흑2, 4로 막고 6으로 내려서 편안하게 산다.

어떻게 하든 잡으려고 하면 백5에서,

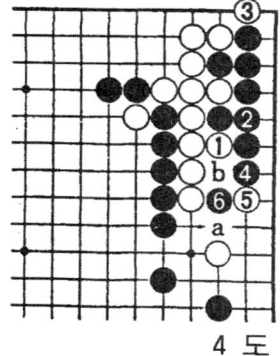

4 도

### 4 도(무너지다)

1을 결정하고 3으로 젖히는데 흑4로 뻗고 백5에는 흑6으로 젖히기까지. 이 다음에 백a라면 흑b. 백b라면 흑a. 끊고나서의 싸움은 백이 유리한 결과를 바랄 수없고 무너지게 된다.

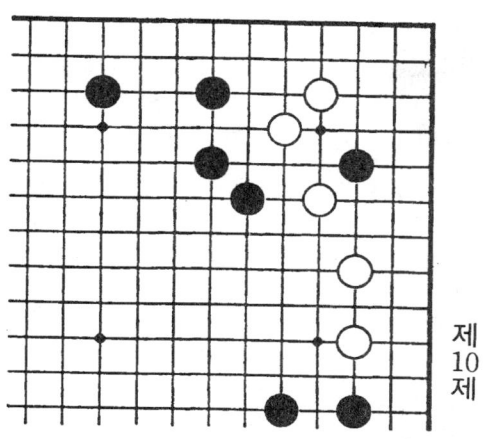

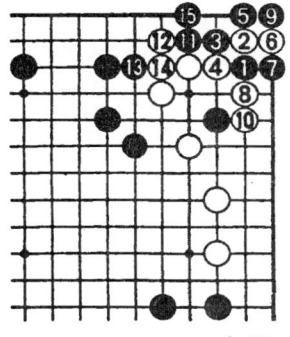

1 도

## 제10제 두 가지

(흑선) 귀를 어떻게 살리는
가. 두가지 방법이 있는데
정수는?

실전에 나타나기 쉬운 모양
이다. 설마 귀는 백집이라고
체념하는 사람은 없을 것이
다. 사는 것 뿐이라면,

1 도〈후수로 산다〉

흑1로 달려 간단하다. 백2에 흑3으로 젖히고 이하
수순은 길지만 대체로 한길. 흑5에서 6으로 단수를
치는 것도 백5로 2점으로 하여 버리고 비슷한 결과가
된다.

이 갈림은 흑이 후수가 됨으로 불만. 선수로 살 수
있는 수는?

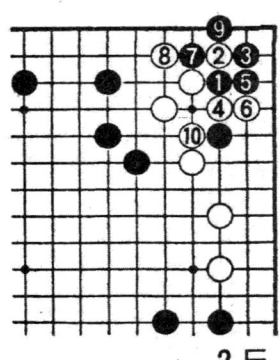

**2 도**

## 2 도(선수로 살다)

이제는 알 것이다. 전제와 마찬가지로 흑1로 붙이고 3으로 젖히는 수이다. 백4로부터 6으로 누르는 정도의 상장이나 흑7, 9로 잡고 이것이라면 선수로 살 수 있다. 백10을 생략하면 흑10으로 나오고 심하게 당한다. 백4에서.

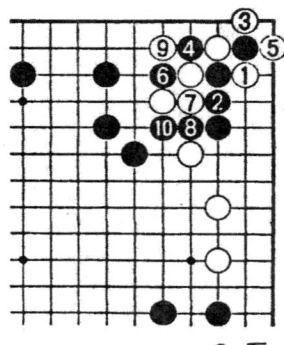

**3 도**

## 3 도(저항)

1, 3으로 저항하면 흑4, 6, 8로 차례를 결정하고 10으로 선수로 돌파하기까지. 이 다음에 백3점을 맹렬히 공격한다. 백9에서,

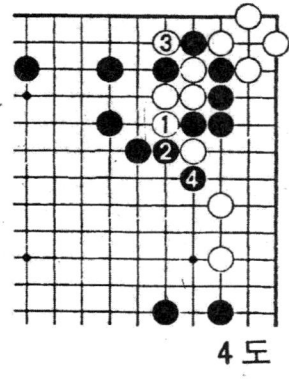

**4 도**

## 4 도(간명)

1로 누르면 흑2로부터 4로 단수치기. 용무가 끝난 흑4점을 버리고 백2점을 잡는다.

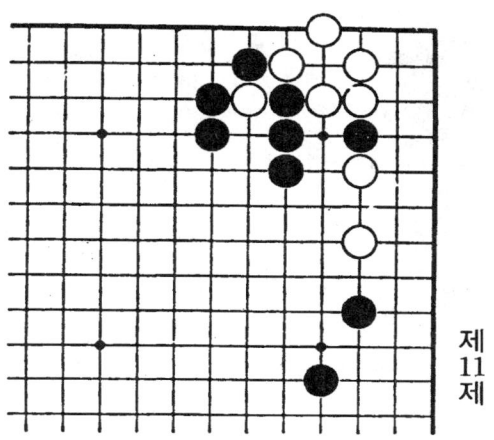

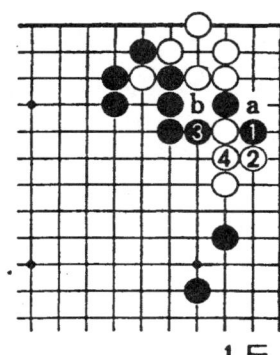

## 제11제 잔수

(흑선) 대단한 노림이 없는 것같이 보이지만 비록 작은 기술일지라도 큰 위력을 발휘한다.

흑1점을 이어도 건너게 되어 상대방을 돕는 결과가

**1 도**

된다.

**1 도**(무책)

문득 흑1로 젖히고 싶다. 이에 대하여 백a나 b로 끊으면 흑4로부터 단수치기를 하면 좋으나 백2로 눌려 아무 일도 없다. 이어서 흑3으로 단수치기를 하여도 백4로 이을 뿐.

호형으로 보이는 백에게도 실은 큰 결함이 있으므로

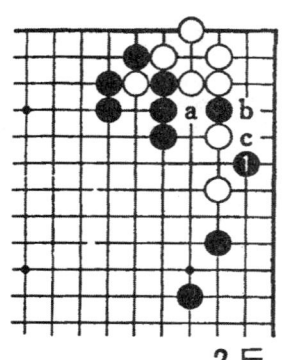

**2 도**

### 2 도(정해)

흑1로 여기에 놓는 수를 깨달았을 것이다. 백은 응수하기가 곤란하다. 흑a는 가장 효과가 있을 때 끊으면 된다. 흑a, 백b를 교환하고부터의 흑1은 백c로 이어 대단치 않다.

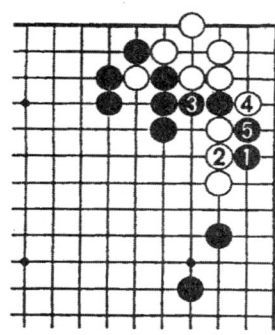

**3 도**

### 3 도(큰 손해)

백2라면 거기서 흑3으로 잇고 백이 당한 모양. 백4에 흑5로 끊기어 큰 손해이다.

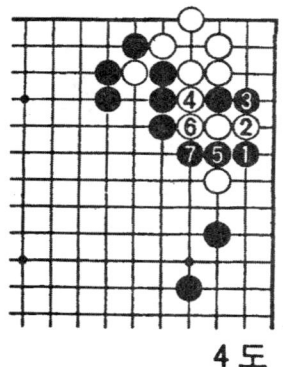

**4 도**

### 4 도(대성공)

흑1에 백2로 피해를 최소한으로 줄일 수밖에 없는데 흑3으로 사석을 던지는 것이 절호의 수순. 백4에 흑5, 7로 1점을 끊어 봉쇄하고 흑은 대성공이다.

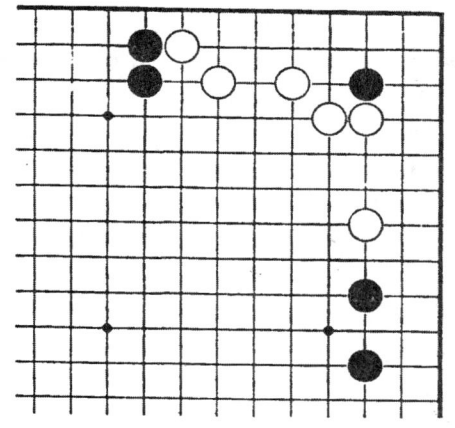

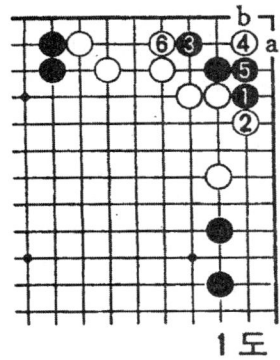

1 도

## 제12제 관 련

(흑선) 귀의 1점과 관련시키고 백집을 침략하는 급소는 어디인가.

날일자굳힘의 배에 붙이고 백이 끌었다. 3三의 붙임은 정수이나 계속적인 정수를 모르면 붙임의 의미가 없다.

1 도(직접행동은 무리)

귀에서 살면 얘기는 간단하지만 흑1로 젖힌 다음의 직접행동은 무리. 백2로부터 4로 두고 살 수 없는 것은 쉽게 확인할 수 있을 것이다. 이 다음에 흑 a는 백b. 흑3에서 4로 호구치기를 하는 것도 백3으로 마늘모굳힘을 하여 산다는 것은 무리인 것같다.

105

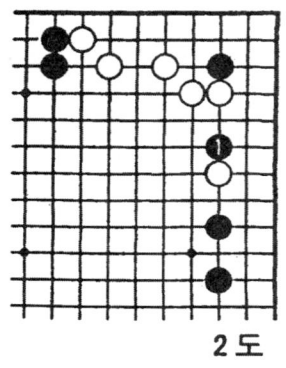

2 도

### 2 도(정수)

수가 밝은 분이라면 즉시 흑1로 붙이는 수가 떠오를 것이다. 귀의 흑 1 점과 어떠한 관계가 있는지 알기 어렵다고 생각하나 백의 응수에 따라 자유롭게 처리할 수 있는 모양이다.

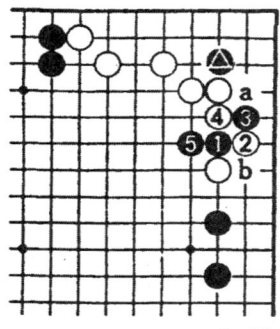

3 도

### 3 도(건너다 보기)

흑1에 백2의 밑 젖히기라면 흑3으로 2단으로 젖히는 수이다. 백4에 흑5로 뻗고 ▲가 작용한다. 이 다음에 백a에는 흑b로 끊고 외측의 1점을 단수치기까지. 백b라면 흑a의 건너고 이 모양은 백을 잡는다는 것은 무리이다.

### 4 도(건너기)

백2의 위젖히기라면 흑3에서 간명. 백4로 귀를 확보하고 흑5의 건너기까지. 이것이 상용일 것이다.

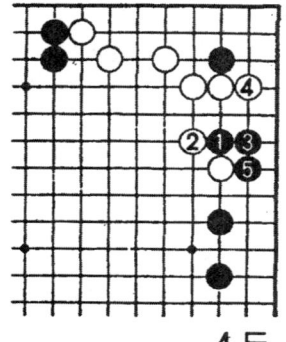

4 도

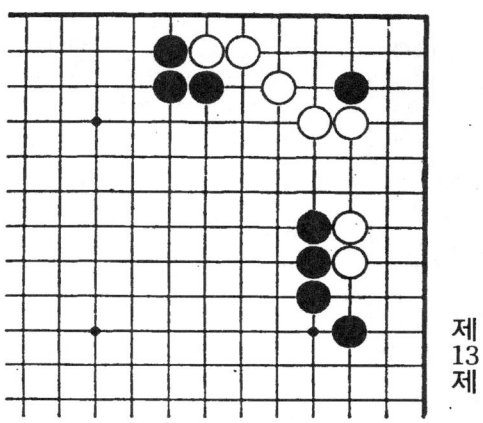

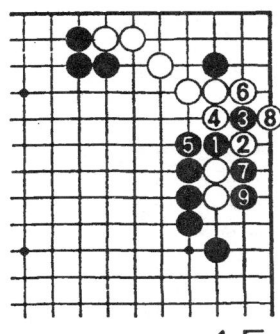

1 도

## 제13제 비슷한 모양

(흑선) 전제와 비슷한 모양. 역시 귀의 1점을 활용하고 벌 것을 생각한다.

귀를 젖히고 직접 사는 수가 있으면 좋으나 약간 무리인 것같다.

전제와 비슷하여도 수는 같지가 않다.

1 도(준 정해)

흑1, 3의 2단젖히기라면 전제의 응용수. 백4로부터 6, 8로 잡을 수밖에 없고 흑7, 9로 2점을 잡고 일단 성과를 올렸다. 백6에서 9로 버티는 것은 흑6에서 무리. 이것을 정해라고 하고 싶지만 약간 다르다.

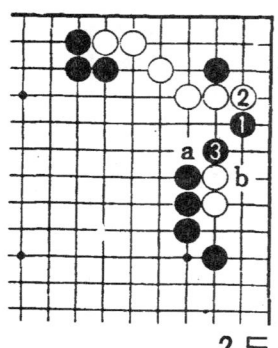

2 도

## 2 도(정해)

정해는 흑1의 놓기. 백2로 누를 수밖에 없고 흑3에서 백2점을 잡는다. 이 다음에 백a라면 흑b에서 문제가 없다.

1도와 같이 백에 빵 때림을 허용하지 않는다는 점에서 2도 쪽이 옳다.

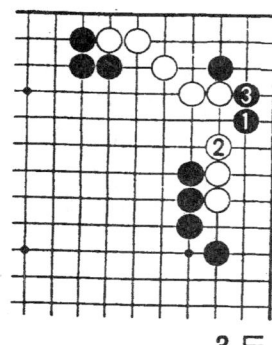

3 도

## 3 도(무리)

흑1에 대하여 백2에서 전부 잡으려고 하는 것은 분명히 무리. 계속해서

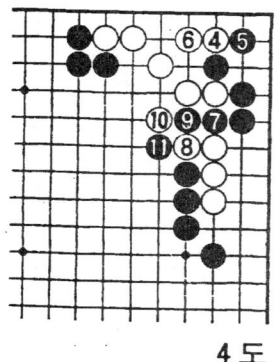

4 도

## 4 도(무너지다)

백4, 6으로 끌고 흑은 부분적으로 살 수없지만 흑7로부터 나와 끊고 싸움은 문제가 되지 않는다.

2도가 쌍방에 최선의 갈림이었다.

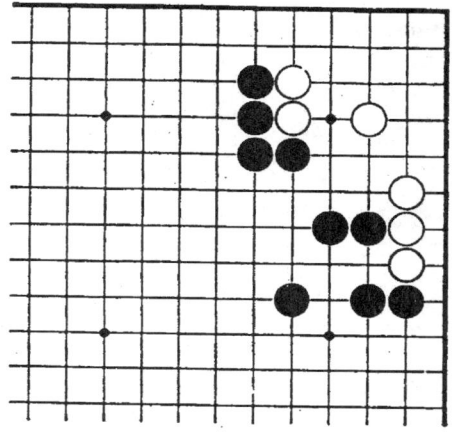

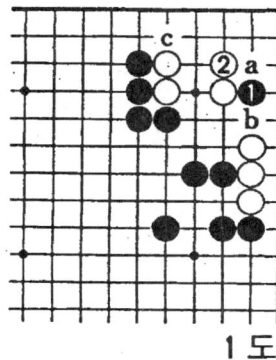

1 도

## 제14제 노 · 타임

(흑선) 백의 결함을 찌르는
급소는? 노·타임으로 돌이
가고 싶다.

실전에 잘 나타나는 모양.
특히 1칸굳힘에 침입하는데는
빠질 수 없는 정수이다.

1 도(무책)

흑1로 붙이는 것도 이런 경우 정수가 되는 것이
많지만 백2로 받으면 전혀 쓸모없는 돌이 된다. 백2
에서 a나 b로 응수하면 되나 이보다는 차라리 c의
곳을 선수로 젖히는 것이 좋을 것이다. 급소는 2의
점이다.

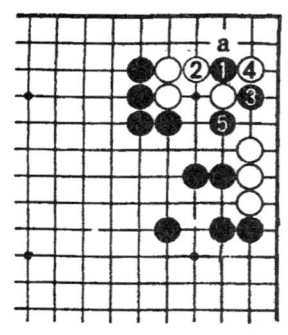

2 도

## 2 도(상용)

흑1로 붙이고 백은 허약해졌
다. 백2로 부딪치면 흑3으로
젖히는수. 백4로 끊고 흑5로
단수치기를 하여 백 3점을 잡아
정수의 효과가 역력하다. 그러
나 이것이 상용일 것이다. 백2
에서 4의 젖히기는 흑3으로
끊는 수로서 역시 백이 허약하
다. 또한 백4에서 5의 뻗기는
흑a로 산다. 4에서,

## 3 도(전멸)

1의 누르기는 무리. 흑2,
4로 어떻게 할 수도 없다.

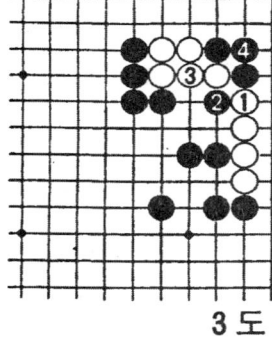

3 도

## 4 도(전멸)

백2로 이으면 노골적으로
흑3으로 막고 5, 7로 젖히면
된다. 살기와 끊기가 건너다
보기로 되어 백은 무너진다.

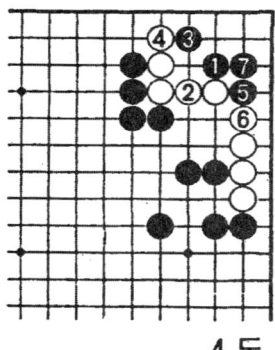

4 도

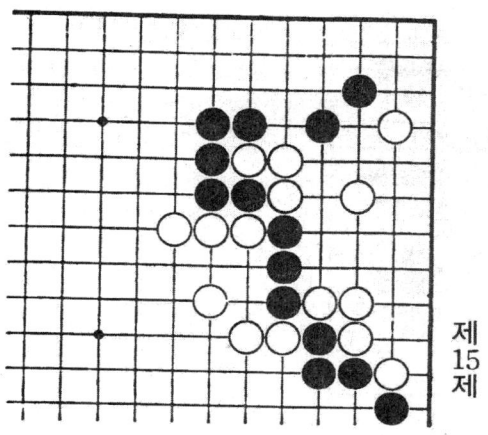

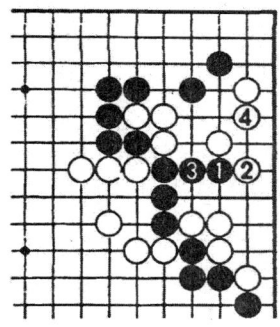

1 도

## 제15제의 절 묘

(흑선) 백에게 포위 당한 흑3점은 전혀 맥이 없는 것처럼 보이나 체념해서는 안된다.

프로의 실전에서 자주 나타나는 모양이다. 절묘한 수를 두고 생환한다. 프로수라고 할지라도 생각하는 범위가 좁으므로 여러분도 정해를 낼 수 있을 것이다.

1 도(무책)

흑1, 3이라는 평범한 수는 백4로 응수하여 수가 되기 어려운 모양.

단순히 흑3으로 두는 것도 백4로 응수하여 똑같다.

3의 점은 절대의 막기임으로 처음부터 두면 안된다.

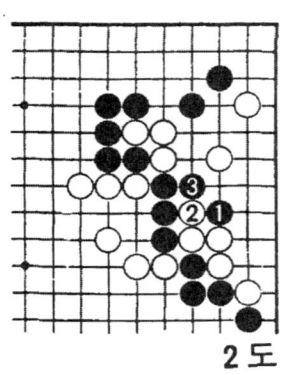

**2 도**

### 2 도(간단하다)

흑1의 붙임에 한한다. 백2로 나오면 흑3으로 눌러도 되는 것은 누구나가 알 수 있다. 문제는,

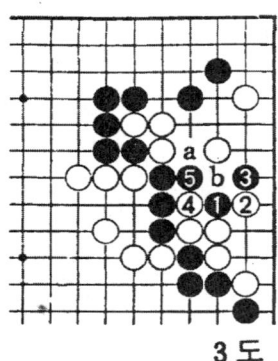

**3 도**

### 3 도(절묘)

흑1에 백2로 젖히는 경우이다. 여기서 흑3으로 젖히는 묘수가 준비되고 있다. 백4에는 흑5로 나오면 되고 a와, b가 건너다 보기 3이라는 매서운 수가 있었다. 백4에서,

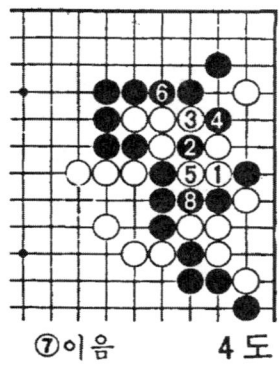

⑦이음　　**4 도**

### 4 도(백 무너지다)

1로 끊어도 이번에는 흑2이하의 결정으로부터 8까지 백이 무너진다.

결국 백은 흑3점의 생환을 허용할 수밖에 없다.

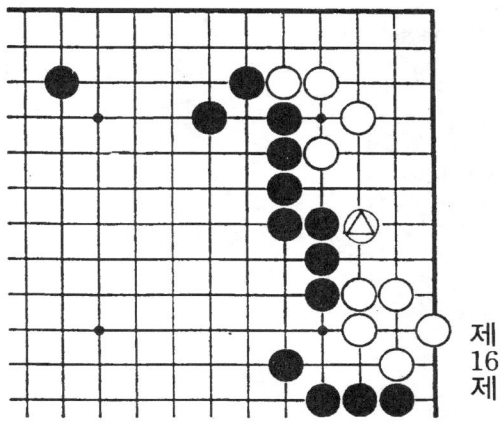

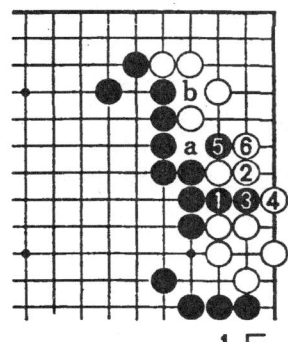

1 도

# 제16제 정수의 공방

 (흑선) 엷은 것같이 보이는 백이나 이 잘 작용하고 있다. 이를 분단할 수 있으면 좋고 분단할 수 없어도….

 간단한 것같으나, 뜻밖에 뼈대가 있는 문제이다. 흑의 정수와 이에 대한 백의 최강의 저항을 제시하도록.

 1 도(속수)

 흑1의 나오기로부터 둘 것같으나 이는 속수. 백3으로 누르지 않고 2로 늦춘다. 흑3, 5는 백6으로 밑으로부터 받고 아무 일도 없다. 백6에서 a로 끊으면 b의 공격이 있으므로 유리하지만,

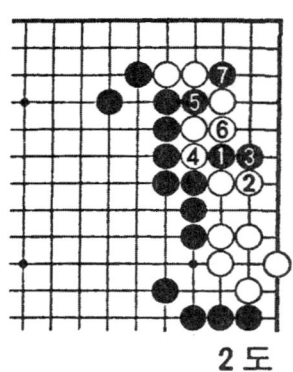

**2 도**

## 2 도(성공)

흑1의 젖히기가 정수이다. 백2라면 흑3으로 누르고 5, 7로 백2점을 잡고 대성공이다. 단 이것은 백의 최강의 저항을 제시하지 않았다.

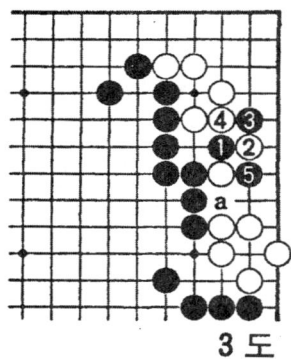

**3 도**

## 3 도(정수의 공방)

흑1에 백2의 젖히기가 견디기의 정수. 흑이 5로부터 단수를 치거나 a로 나오거나 하면 아무런 피해도 없이 연락할 수 있다는 것을 확인하도록.

그러나 흑3의 2단젖히기가 이를 상회하는 정수로써 백4에는 흑5로 맞끊고 분단에 성공한다. 백4에서,

## 4 도(무너지다)

1로 끊으면 흑2, 4로 간단하게 무너진다. 실전에서는 2도가 상용이다.

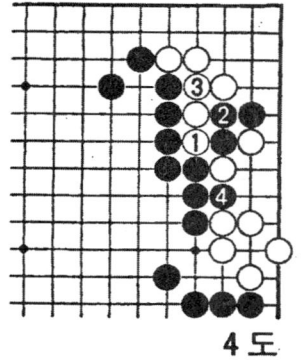

**4 도**

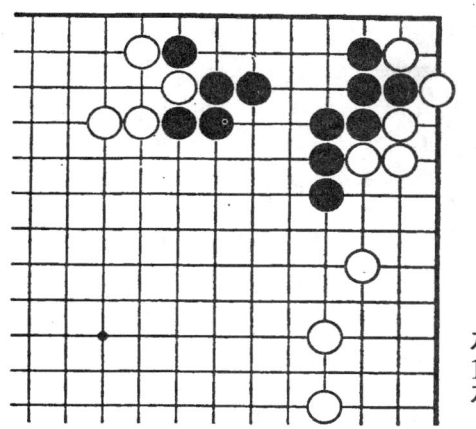

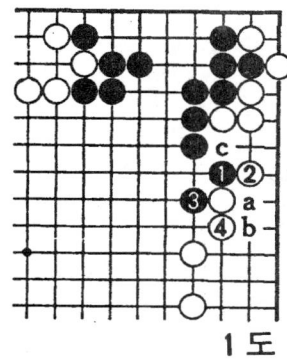

1 도

## 제17제 체　넘

（흑선) 우변의 백은 호형으로 보이나 상당히 엷다. 이 엷음을 어떻게 찌르는가.

옳은 판단을 할 수 있는 좋은 재료이다. 하수가 정해를 두면 상수는 방법이 없다고 체념한다.

1 도(속수)

비록 유단자일지라도 흑1, 3 등으로 두는 것을 볼 수 있다. 흑3에서 a로 끊어도 이미 늦고 백b로 단수치기를 하여도 좋지않으며 c의 저항도 성립한다.

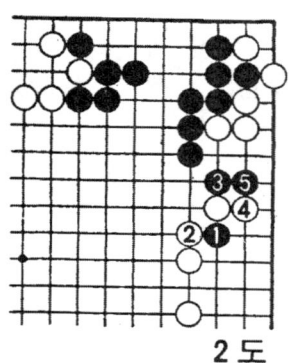

**2 도**

### 2 도(정수)

흑1의 붙임. 수에 밝은 분이라면 노·타임으로 둘 수 있을 것이다.

백은 받기가 곤란하다. 2로 위에서 누르면 물론 흑3의 마늘모굳힘도 좋다. 백4로 내리는 정도임으로 흑5로 누르고 귀를 모두 잡을 수 있다.

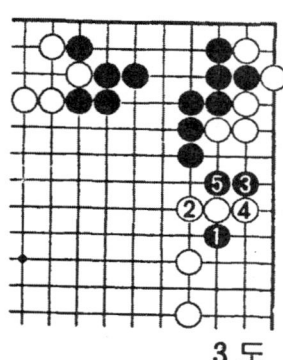

**3 도**

### 3 도(분단)

흑1에 백2에 뻗으면 흑3의 놓기가 결정타. 이것도 백4로 누를 수밖에 없고 흑5로 귀를 잡을 수 있다.

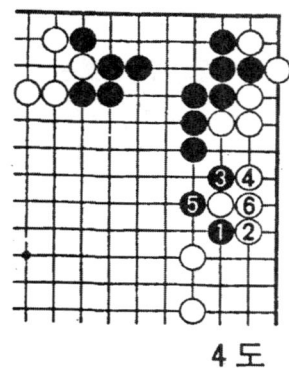

**4 도**

### .4 도(막다)

흑1에 백은 괴로울지라도 2로 저자세로 받으면 연락만은 보증된다. 이 경우에는 흑3, 5로 기분 좋게 막고 충분하다.

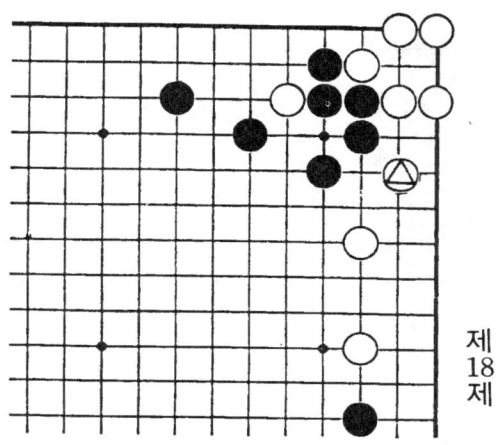

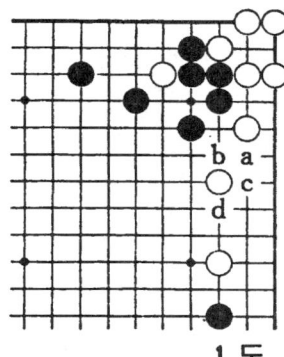

1 도

## 제18제 헛 수

(흑선) 소목정석에 잘 나오는 모양이다. 백은 참으로 엷은 모양을 하고 있다.

지금 Ⓐ로 뛰고 건넜다. 이 뛰기는 헛수로서 한 길 밑의 마늘모굳힘이 정착. 엷은 백을 전제와 똑같은 수로 나무라도록.

1 도(어디에 붙이는가)

붙이고 절단하는 수라는 것을 깨닫게 될 것이다. 문제는 어디에 붙이는가.

흑a에 붙여도 백b로 아무 일도 없다. 흑c로 붙이는 것은 일단 정수이나 냉정하게 백d로 끌리어 역시 속수 무책이다. 그러면 남는 것은 한가지.

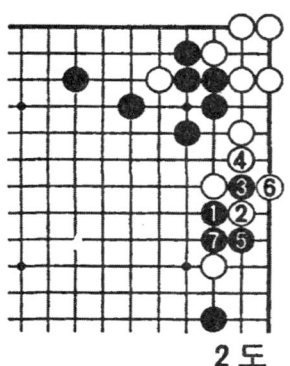

**2 도**

### 2 도(붙여 끊기)

붙일 곳은 한 곳밖에 없다. 흑1이 정해. 백2로 젖히면 흑3으로 맞 끊는 수로서 백은 곤란하다. 백4라면 흑5, 7로 백1점을 끊는다. 백6에서 7로 맞 끊는 수는 있으나 이 패는 흑에서는 환영이다. 백4에서,

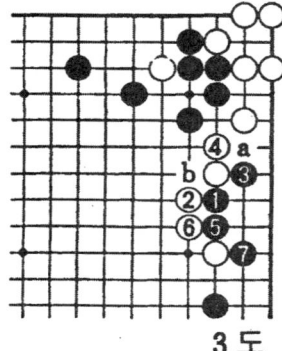

**3 도**

### 3 도(도려내다)

흑1에 백2의 윗 젖히기라면 흑3으로부터 평이하게 5; 7로 건너서 충분하다. 또한 백4에서 a의 누르기라면 흑b 백4를 결정하고 흑5로 건넌다 흑b의 1점을 잡을 수 없고 백은 고전이다.

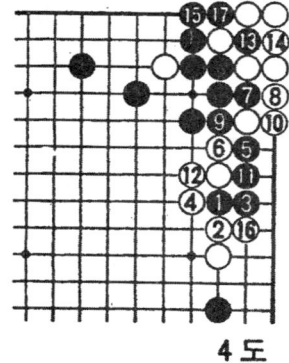

**4 도**

### 4 도(패)

흑1에 백2는 최강의 응수이나 흑3 이하 백에 있어서는 매우 큰 패가 된다.

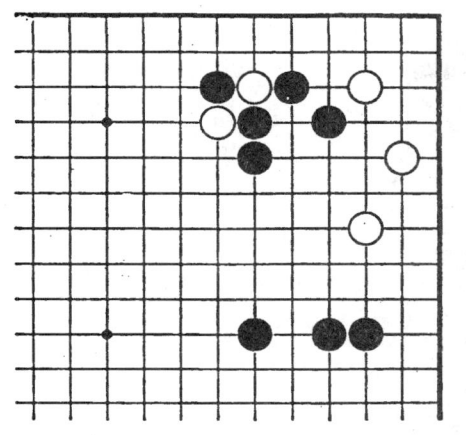

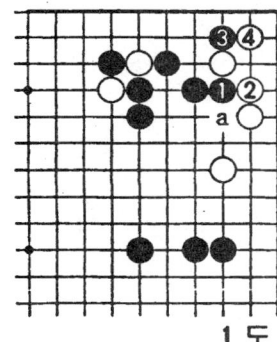

1 도

## 제19제 유단자

(흑선) 백의 엷음을 어떻게 나무라든가. 난문이다. 견실하게 착수하도록.

흑의 뻗기에 백이 3三으로 들어 올 수 있는 모양. 기본정석의 하나이나 실전에서 정해를 얻을 수 있으면 훌륭한 유단자. 아니 비록 유단자라고 할지라도 이것을 올바르게 둘 수 있는 사람은 적은 것같다.

1 도(시원하다)

흑1로 나오면 이미 수는 없다. 흑3으로 붙여도 백4로 아무 일도 없다.

이 밖에 흑a로 미늘모굳힘을 하여도 백2로 받고 시원하다. 그러면….

119

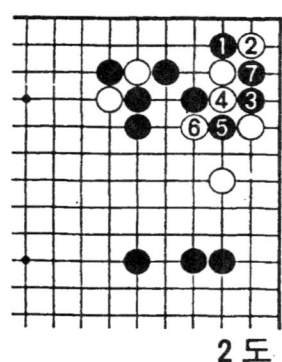

**2 도**

## 2 도(선명한 수)

흑1로 한 수 붙이고 3으로 붙여넘는 것이 선명한 수이다. 백4에는 흑5로 끊고 흩어질 것같지만 완전히 결정되고 있다. 실수하여 백6으로 끊거나하면 흑7에서 사건. 백6에서는,

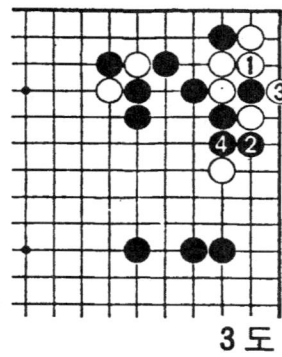

**3 도**

## 3 도(성공)

1로 단수치기를 할 수밖에 없는데 흑2, 4로 대성공.

2도의 흑1이 백의 공배를 메꾸게 하는 급소로써 단순히 3으로 붙여넘는 것은 백4가 된 다음 흑1에는 백2로 받지 않는다.

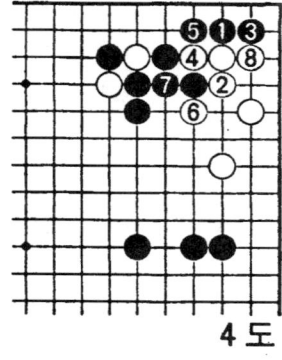

**4 도**

## 4 도(상장)

2도 3도는 너무 심함으로 흑1에 백2로 양보하는 정도가 상용. 백8까지가 되면 사는 것은 보증된다.

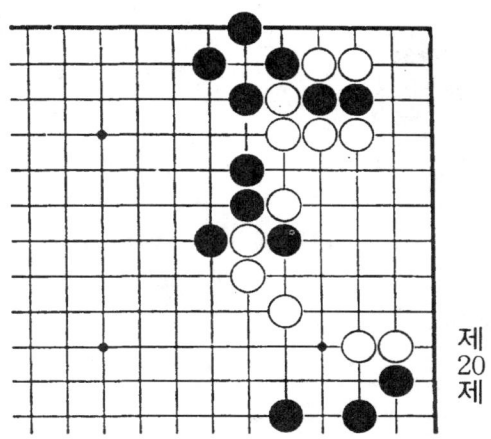

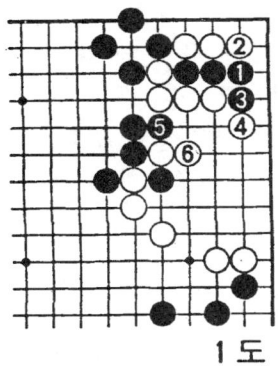

1 도

## 제20제 수순이 중요

(흑선) 흑1점을 작용하게 하고 백집을 파괴할 수 없을까.

당연한 일이지만, 이 경우 특히 수순이 중요하다. 정수는 알고 있어도 수순이 틀리면 좋지않다.

1 도(무책)

흑1의 나오기는 평범. 백2의 수에 흑3도 절대이다. 그런데 여기서 잘 생각하도록. 흑5로 단수를 치면 백6으로 뻗고 어떻게 할 수도 없다. 흑5에서 6으로 단수 치기를 하는 것도 백5로 잇고 똑같다.

백4일 때, 수가 없는가.

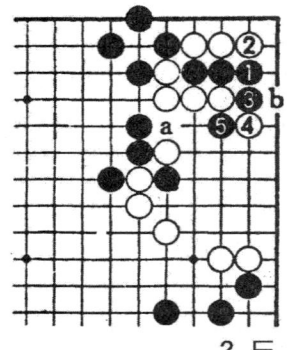

2 도

### 2 도(끊기가 수순)

흑1로부터 백4가 되었을 때 a로 단수를 치지않고 잠자코 흑5로 끊는 것이 수순이다. 공배가 두 수밖에 없으므로 맹점이 되기 쉬운 수이다. 계속해서 백b의 단수치기는 흑a에서 대성공.

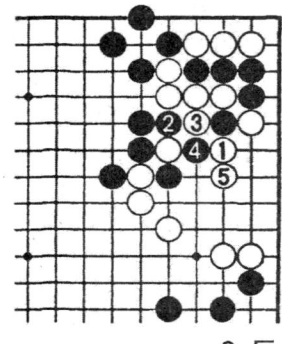

3 도

### 3 도(성공)

그러면 백1로 단수를 칠 수밖에 없는데 거기서 흑2로 단수치기를 하는 수순. 4의 따 내기가 선수로써 백집을 삭감할 수 있다. 흑2는 4에서도 같다.

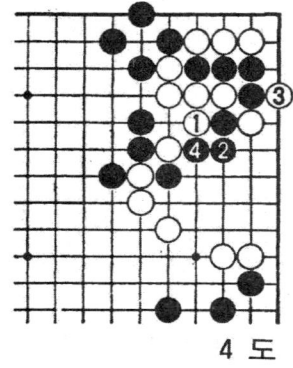

4 도

### 4 도(백 큰 손해)

3도가 상용으로 백1로 단수면 흑2로 뻗어 더욱 심하게 된다.

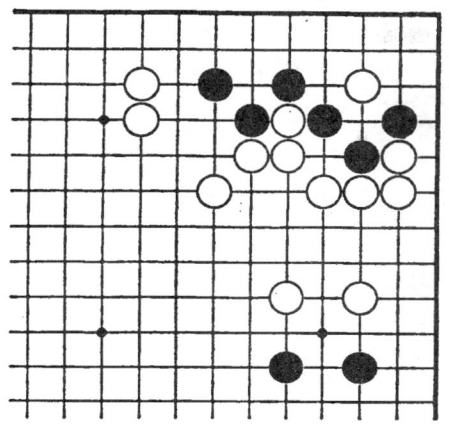

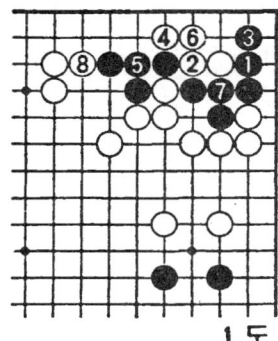

1 도

## 제21제 목숨만이라도

(흑선) 백이 들여다 본 것. 신중하게 응하지 않으면 전멸 당할 우려가 있다.

제6제와 모양은 비슷하나 흑의 엷음은 비교가 되지 않는다. 살기만하면 성공이다. 똑같은 수로는 잘 되지 않는다.

1 도(전멸)

흑2나 7로 잇는 것은 백1로 건너 살기가 분명치 않는 모양.

흑1의 수는 백2로 끊기어 통하지 않는다. 3으로 내려도 백4, 6의 단수가 있고 흑7에는 백8로 싸움에 패한다. 백2에서 7의 끊기를 예상하는 것은 너무 하다.

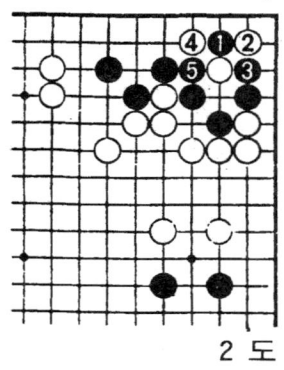

2 도

## 2 도(견디기 수)

흑1의 붙임 수가 핀치를 벗어나는 좋은 수이다. 백2로 젖히면 흑3으로 끊고 백4, 흑5에서 대성공. 큰 집을 차지하고 살았다. 백2에서 4로부터 젖히고 흑5, 백3도 흑2로 아무 일도 없다.

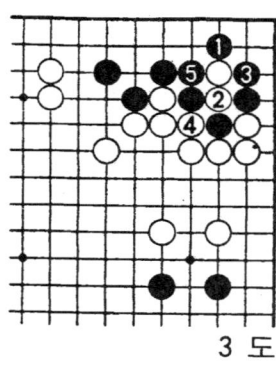

3 도

## 3 도(살다)

흑1에 백2의 끊기라면 흑3, 5로 되고 역시 집을 차지하고 살 수 있다.

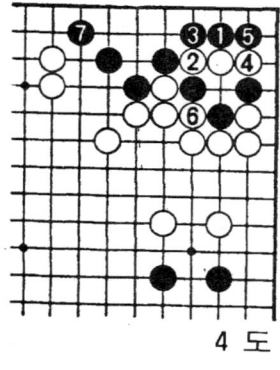

4 도

## 4 도(쌍방 최선)

흑1에 대하여는 시기를 보고 백2의 끊기가 최선이다. 흑3, 5로 목숨만 유지하면 되고 7에서 완전한 살기. 잡힌 흑은 헛 돌이다. 2와 4의 수순을 바꾸어도 똑같이 된다.

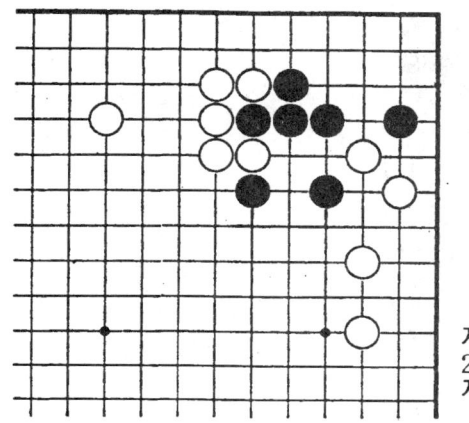

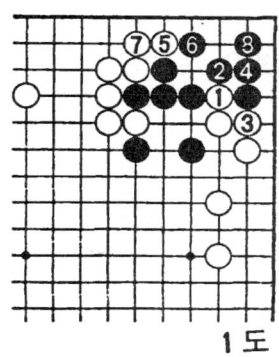

1 도

## 제22제 양쪽 노려보기

(백선) 귀의 흑에 수는 없을까. 잘하면 귀가 백 집이 되는 것도 가능하다.

양 걸치기에 눌려서 생기는 모양. 실전에서는 놓치는 경우가 많을 것같다.

### 1 도(최저)

백1로부터 7까지로 평범하게 결정하는 사람은 없는가. 흑의 결함을 발견하지 못하면 할 수 없지만 이것은 최저의 결정방법이다. 흑8(어디에 두어도 산다)로 살고 시원한 모양.

흑의 결함을 나무라고 싶으면 안으로부터 나가는 한 수. 어디에 놓는가에 따라 결정된다.

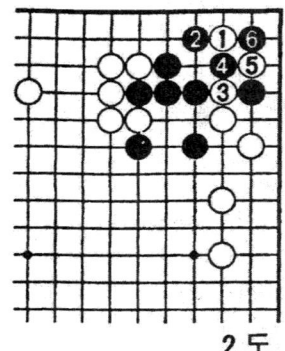

**2 도(양쪽 노려보기 수)**

백1의 놓기 양발로 흑은 시들 어버린다. 건너기와 나오기를 양쪽으로 노려보는 좋은 수이 다.

흑2로 건너기를 중지시키면 물론 백3, 5로 나와 끊기까지. 흑6으로 끊고 패이나 백의 꽃놀 이 패로 대성공이다.

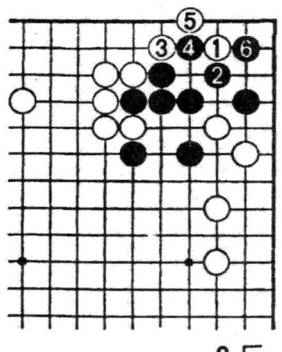

2 도

**3 도(패)**

백1에 흑2로 이쪽을 막으면 백3으로 건너도 된다. 이어서 흑6으로 누르는 것은 백4로 줄바둑을 두게 되어 안형이 없으므로 흑4로 젖히고부터 6의 누르기가 최선이나 이 패도 흑의 부담이 무거운 패이다.

3 도

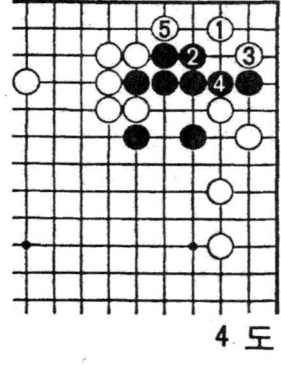

**4 도(건너기)**

백1에 흑2로 우형으로 건너기 를 막으면 백3으로 막고 5로 시원하게 건너간다.

4 도

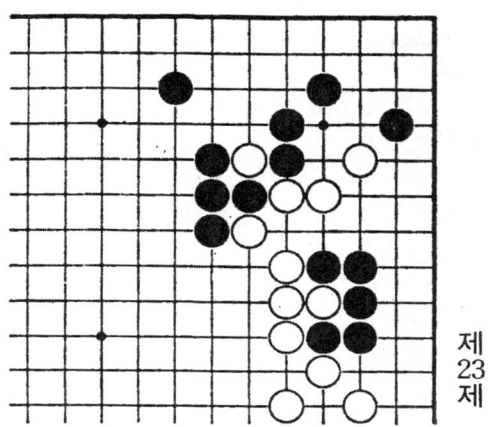

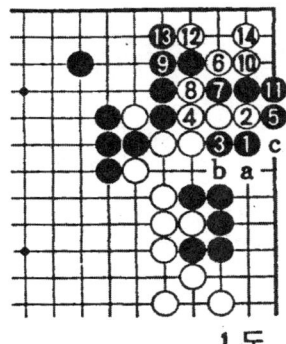

1 도

## 제23제 탈  출

(흑선) 우변에 남겨진 흑4
점을 구출하려면 건널 수밖에
없다.

문제는 어떻게 건너느냐하는
것이다. 몇가지 방법이 있으나
속수냐 정수냐에 따라 큰 차가
있다.

1 도(맛이 나쁜 건너기)

흑1로 뛰고 완전히 건는 것같이 보이지만 참으로
맛이 나쁜 수이다. 백2에 흑3이 궁여의 견디기(단순히
흑5는 백a로 붙이고 흑b, 백3, 흑c일 때 백7로 나와서
곤란하다)이나 백6으로 붙여 넘고 귀에는 수가 없다.

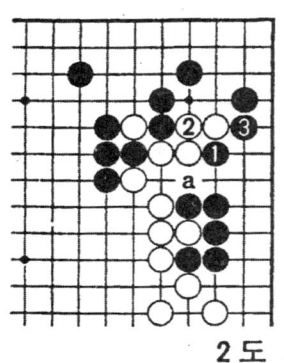

**2 도**

### 2 도(단순한 붙임 수)
흑1로 단순히 붙이는 것이 정수. 흑a 등은 필요가 없으므로 두면 안된다. 백2라면 흑3에서 완전한 건너기.

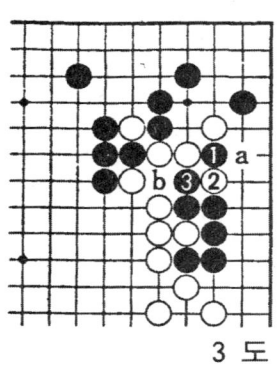

**3 도**

### 3 도(막기)
흑1에 백2로 오면 비로소 흑3으로 막는 요령이다. 백a, 흑b이하의 싸움은 흑의 수가 이긴다는 것을 확인하도록.

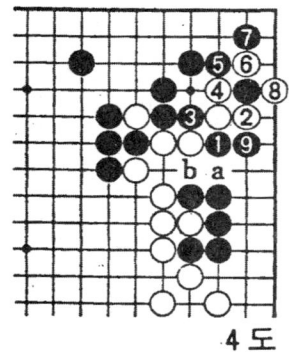

**4 도**

### 4 도(공격에서 이기다)
흑1에 백2로 나오는 것은 흑3으로 끊어도 된다. 백a에는 흑b로 응수함으로 흑b를 먼저 결정하지 않을 것. 백4 이하의 싸움은 문제가 되지 않는다.
흑b를 결정하고부터의 흑1은 백의 흑잇기 백2로 변화되어 귀찮게 된다.

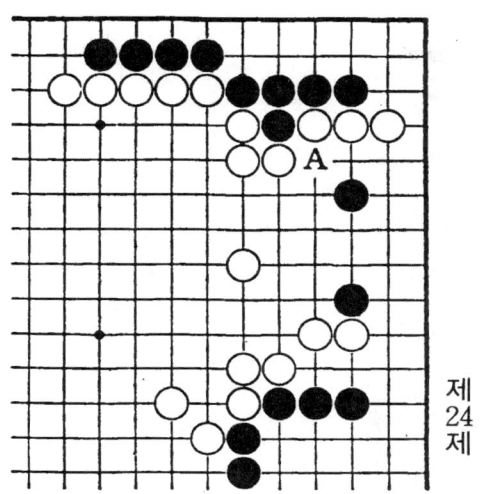

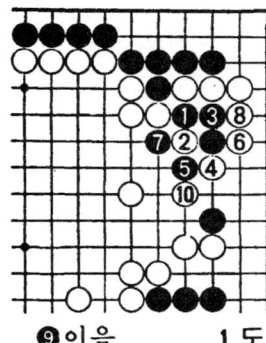

**⑨이음    1 도**

# 제24제 세심한 주의를

(흑선) A의 끊는 맛을 노려 보고 수로 하도록. 세심한 주의를 잊지말도록.

하나의 노림이 있을 때 그곳만을 찔러도 좀처럼 잘 되지 않는 것이다. 이 경우에는 다른 곳에 돌을 두면 성공하는 확률이 많다. 이른바 "오른쪽에 두고 싶을 때는 왼쪽에 두라"이다.

　1 도(실패)

직접 흑1로 끊어도 백2, 4로 눌리어 좋지않다. 흑5에 백6으로 맞단수를 치고 10까지. 그대로 소용없는 돌이 된다.

1의 끊기를 곁눈으로 노려보고

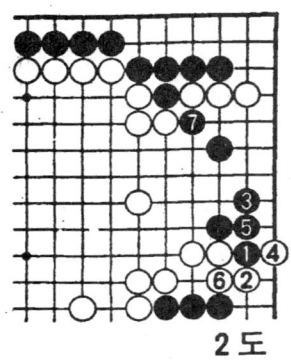

**2 도**

## 2 도(수순)

이제는 알 것이다. 흑1로부터 행동을 일으킨다. 백2에 흑3으로 호구를 치고 위쪽에 영향을 미치게한다. 이것만 준비되면 흑7의 끊기가 성립하는 것이다. 단,

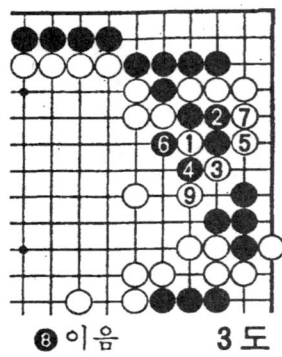

**❽이음**　　**3 도**

## 3 도(따라 두다)

계속해서 백1, 3일때 실수하여 끊으면 1도와 똑같이 되어 실패이다. 조이고 백9로 젖히면 속수무책이다. 흑4에서는

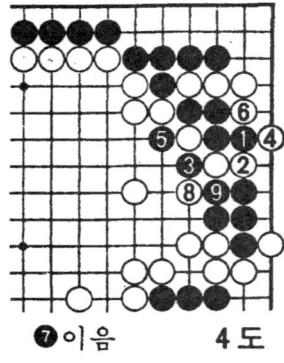

**❼이음**　　**4 도**

## 4 도(성공)

냉정하게 1로 내리는 한 수. 더구나 백2로 나오면 이번에는 흑3으로 끊고 9의 끊기가 단수가 되고 이하 돌아따기가 된다.

백2에서 3이라면 흑2로 잇고 맞좋게 백을 잡기까지.

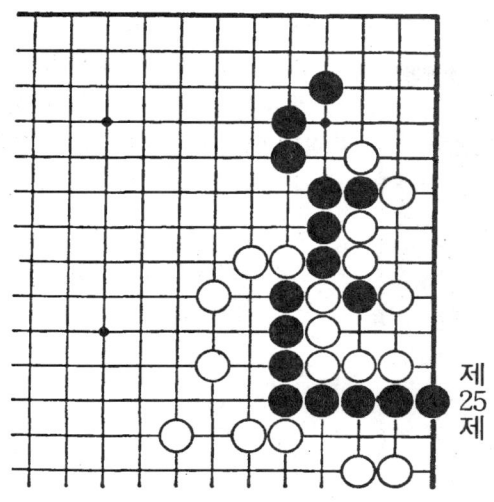

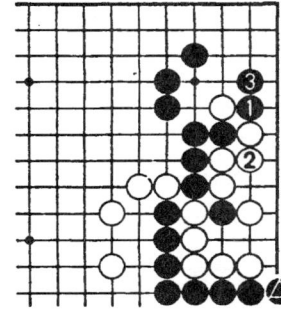

1 도

## 제25제 구 출

（흑선） 흑8점을 구출할
수 있는가. 제1착이 결정되면
다음은 한 길이다.

단수에 걸려있는 흑1점과
밑으로 내린 흑1점을 어떻게
관련시키는가. 초급자에게는
난문인 것같으나 정수를 알면 당장에 풀을 수 있다.

1 도(실패)

흑1로 끊고 3으로 백1점을 잡는 정도는 초심자도
알 수 있다. 그렇지만 이 정도에서는 ⬡을 활용할 수
없어 물론 실패이다.

좀 더 좋은 수가 없을까 하고 생각하면 머리에 떠오
르는 수가 있을 것이다.

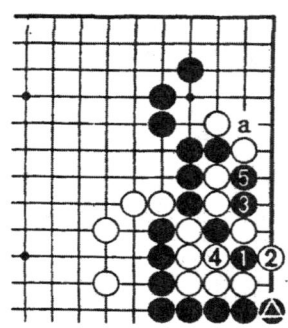

**2 도**

### 2 도(고심을 하고)

⬣을 100% 활용하려면 흑1의 끼우기에 한한다. 백2라면 흑3의 끊기로부터 5로 단수치기까지. 백이 이으면 흑a로 끊고 맞공격은 문제가 되지 않는다.

백2에서 3으로 이을 수 없는 것이 괴롭다.

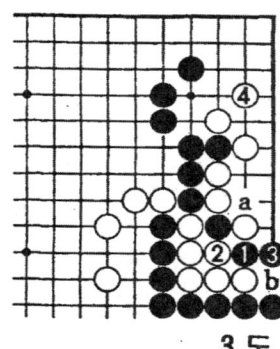

**3 도**

### 3 도(한 길)

백2로 따 내는 것이 최강의 버티기이나 흑3으로 내려도 된다. 백4로 호구를 치고 수수를 늘여도

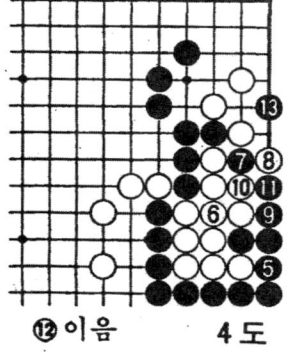

**⓲이음    4 도**

### 4 도(공격)

흑5의 단수치기이하 한 길로 공배를 메꾸고 13의 놓기가 호수. 백은 살 수가 없고 공격도 잘 되지 않는다.

3도의 백2에서 a로 잇고 흑b에 백4로 사는 정도가 상용이다.

132

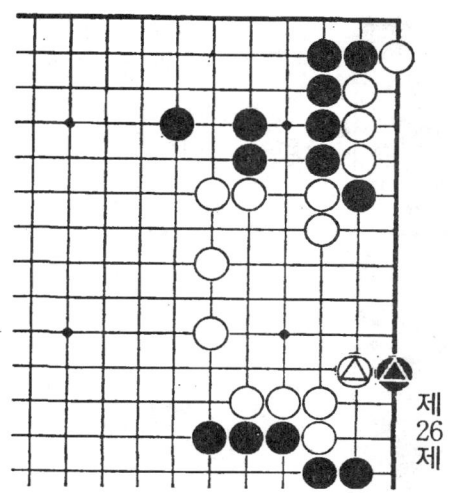

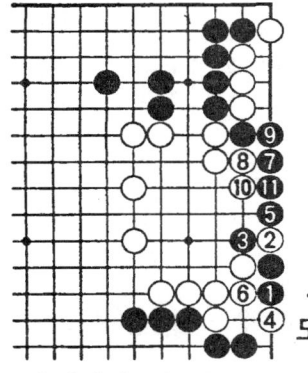

## 제26제 미끄러지기

(흑선) ▲로 미끄러진 다음
△로 마늘모굳힘을 해서 막으
려는 것. 보통으로 결정해도
좋을까?

미끄러지기에는 △로 마늘
모굳힘을 하는 것이 보통의
받기이나 이 경우는 경솔하다. 마음을 놓고 있던 원숭
이가 나무에서 떨어지는 것과도같다.

### 1 도(쌍방 미스)

흑1로 끄는 것은 다만 선수로 끝내기를 한 것에
지나지 않고 백에게 타격을 주지 못하였다. 단, 백2
로 누르는 것은 흑3으로 끊기어 무리. 5와 7(호수)
의 마늘모 굳힘으로 파괴당하여 귀가 모두 잡힌다.

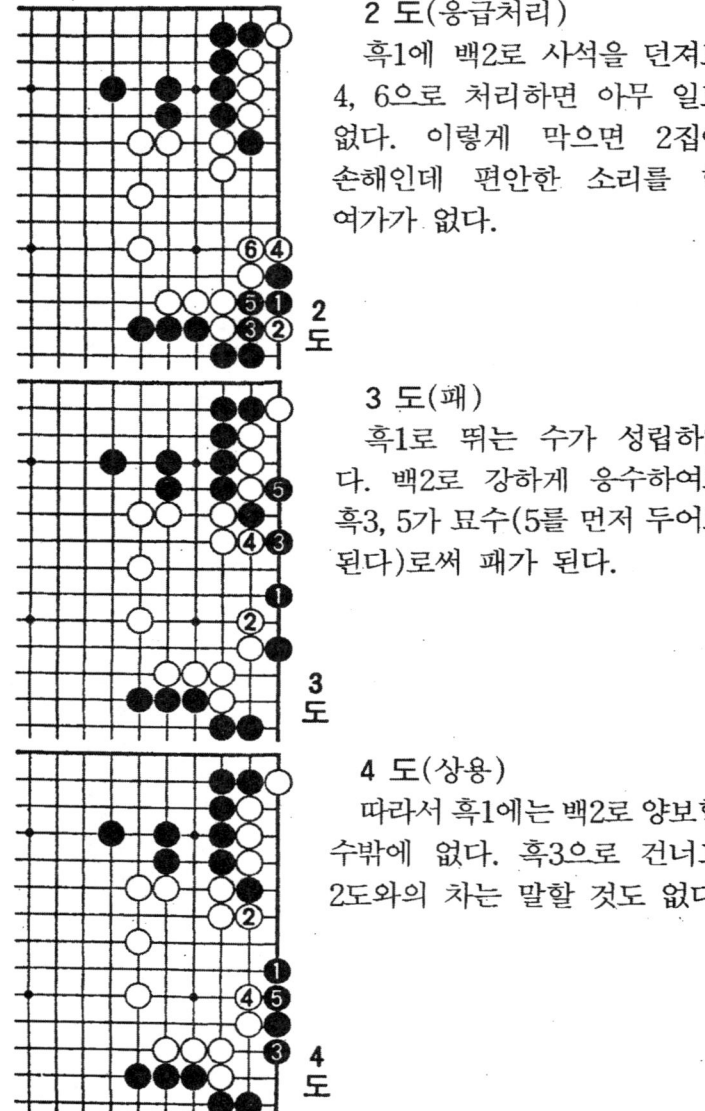

## 2 도(응급처리)

흑1에 백2로 사석을 던져도 4, 6으로 처리하면 아무 일도 없다. 이렇게 막으면 2집이 손해인데 편안한 소리를 할 여가가 없다.

## 3 도(패)

흑1로 뛰는 수가 성립하였다. 백2로 강하게 응수하여도 흑3, 5가 묘수(5를 먼저 두어도 된다)로써 패가 된다.

## 4 도(상용)

따라서 흑1에는 백2로 양보할 수밖에 없다. 흑3으로 건너고 2도와의 차는 말할 것도 없다.

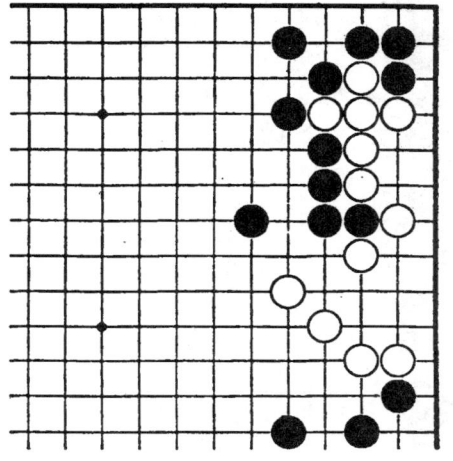

## 제27제 비상수단

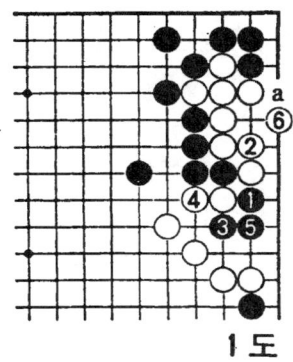

1 도

(흑선) 끝내기에서 여러 집의 득을 보는 것은 문제가 아니다. 어떤 최강 수단을 생각할 수 있을까.

어느 쪽을 끊어야할지 괴롭다.

### 1 도(무책)

상식적으로 흑1로 밖을 끊기로 결정되고 있으나 상식이 통용하지 않는 경우도 있다. 백2로 잇고 흑3, 5로 공격한다고 하여도 백6으로 급소에 안형을 차지하여 전형적인 유무가.

흑1에서 a로 젖히거나 6에 놓아도 어느 정도 득이 되나 물론 그 정도로는 만족할 수 없다.

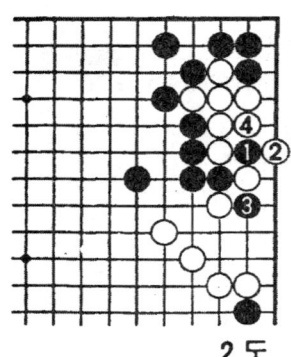

**2 도**

### 2 도(안 끊기)

흑1로 안을 끊는 한 수. 백2
에 흑3으로 단수치기를 하고.
그런데 그 다음을 읽을 수 있는
지?

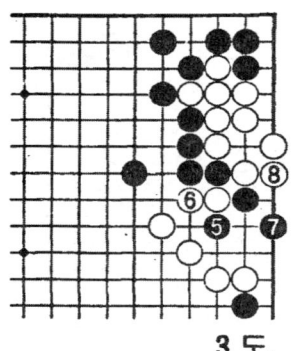

**3 도**

### 3 도(패 노리기)

흑5로 단수를 치고 7로 호구
를 치는 것이 비상수단이다.
패를 노리고 있으므로 백8로
조심해야 하는데,

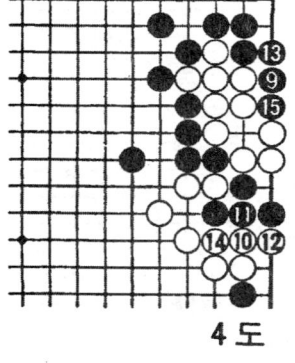

**4 도**

### 4 도(꼬리)

흑9로 젖히고 다음은 간단하
다. 백10으로부터 오로지 공배
를 메꿀 수밖에 없고 흑15로
단수를 치고 꼬리의 백7점을
잡을 수 있었다. 꼬리라고는
하지만, 크고 백은 흑4점을
잡아도 완전히 사는 것이 아니
다.

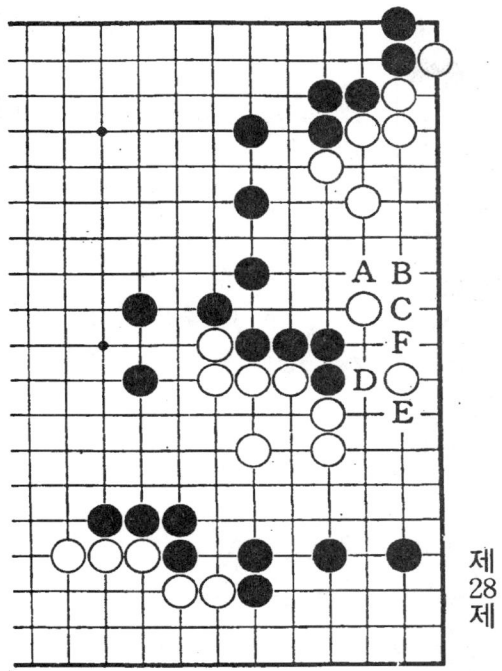

## 제28제 차 단

(흑선) 백의 엷음과 상하를 차단하는 수를 나무라도록.

백은 엷은 건너기를 하고 있는데 막상 그것을 찌르려고 하여도 간단하지 않다.

우선 흑A의 붙임 수를 생각한 분은 상당히 강하다. 백B로 젖히면 흑C로 맞끊으면 어떻게 될 것같지만 냉정하게 백C로 내려 후속타가 없다.

흑D로 부딪치는 것은 수가 나쁘고, 백E로 끌리고 흑F에는 백C로 눌린다. 무리하게 차단하여도 상하에서 따로 살 수 있을 것같다.

날일자굳힘으로 연락하고 있는 백의 약점은?

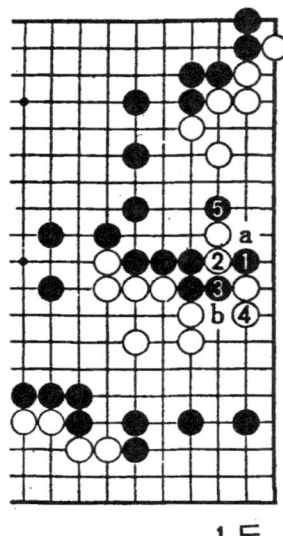

1 도

1 도(날일자굳힘에 붙여넘기)

"날일자굳힘에 붙여넘기"라는 격언 그대로 흑1로부터 나간다. 이에 대하여 백a는 흑b로 젖히면 곤란함으로 백2의 한 수. 계속해서 흑3으로 끊고 5의 머리 붙이기가 결정수. 멋있게 펀치가 들어갔다.

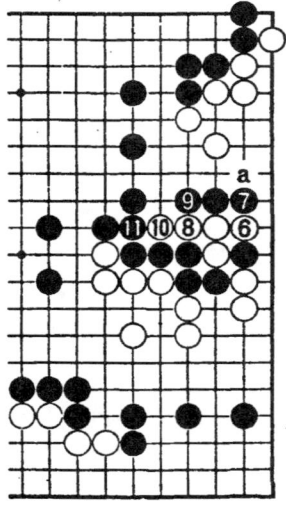

2 도

2 도(대성공)

계속해서 백6이라면 흑7로 눌러도 된다. 9, 11이 되고 우상의 백이 시든다. 백a로 마늘모굳힘을 하고 패가 될 것같으나 흑의 대성공이 분명하다.

1도 흑1, 3의 컴비네이션에 주목하도록. 1, 3에서 백2점의 공배를 메꾸고 5로 붙이는 수는 실전에서 자주 나오기 때문에 이것을 익혀두면 손해가 없다.

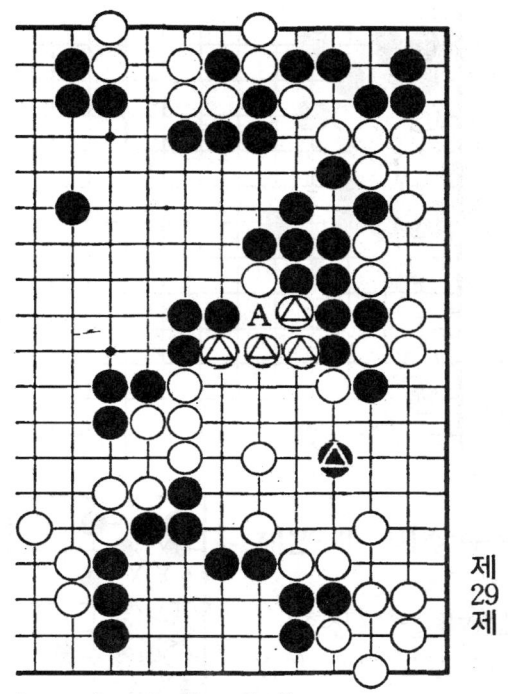

## 제29제 일대 파란

(흑선) 흑2점이 정수의 씨앗. 백집 안에서 일대파
란을 일으키도록. 돌은 여기저기 두고 있지만 초점을
포착하기 쉬울 것이다.

나의 실전에 나타난 모양으로서 여기서 수를 쓰고
바둑은 끝났다. 흑A로 선수로 끊는 정도로는 만족할
수 없다. △4점을 잡거나 ▲이 생환할 수 있다면 성공
이라고 생각해도 좋다.

집안에 수가 있는가. 이런 곳을 결정할 수 있는가의
여부로 승부가 결정된다.

쉬운 문제로 읽어주었으면 한다.

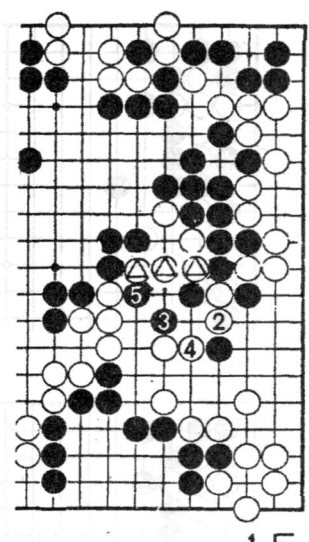

1 도

## 1 도(3점의 중앙)

흑1로 끊을 수밖에 없는 모양. 백2로 달아났을때, 흑3이 급소의 한수. 모양만을 보면 마늘모굳힘이나 ⓐ에 주목하면 3점의 한 가운데라는 것을 깨달을 것이다. 백4로 2점을 구출하면 흑5로 끊고 백4점을 잡기까지이다.

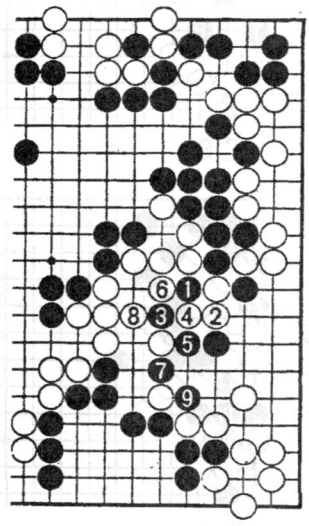

2 도

## 2 도(연락)

흑1, 3에 백4의 단수치기라면 노골적으로 흑5로 단수치기를 하여도 된다. 백6으로 따 내고 흑7에도 백8로 따낼 수밖에 없으므로 흑9로 끊고 멋있게 연락하였다. 우변이 파괴 당하면 견딜 수 없으므로 흑의 선수라고 보아도 된다.

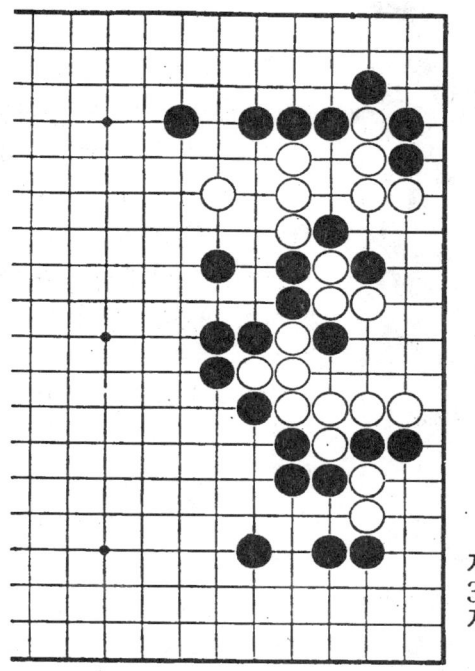

## 제30제 통쾌하다

(흑선) 한 수로 결정된다. 단, 그 다음을 읽을 것.

여기에 모은 30제는 모두가 해답을 보면 뻔한 문제들 뿐이다. 그러므로 상식의 맹점을 찌르는 것이 정수라고 할 수 있다.

본제도 한 수로 결정될 것같으나 정수가 무엇인지 모르는 분에게는 기상천외, 아무리 생각해도 모를런지도 모른다.

백 3점을 직접 잡으려고 하여도 무리. 밑에 잡혀있는 흑2점과 겸하여 수로 하는 것이다.

전체를 공배메꾸기로 유도하는 제1착은?

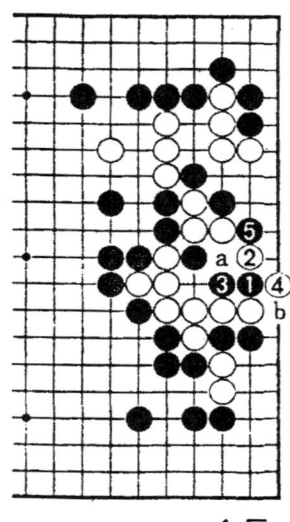

**1 도**

## 1 도(묘수)

흑1로 붙이는 것이 절묘한 수. 공배가 비어 있음에도 불구하고 백은 허약하다. 백2라면 흑3으로 연락하고 이미 속수무책이다. 백4에는 흑5로 단수치기까지. 백4에서 단수치기를 하여도 흑b로 단수를 치면 된다.

백2에서 a로 단수치기를 하는 것은 흑3으로 나와도 된다. 또한 백2에서 3의 나오기도 백a로 단수치기까지이다.

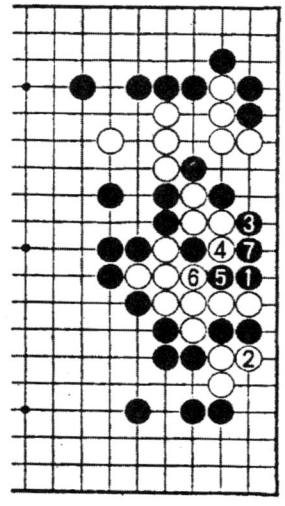

**2 도**

## 2 도(공배 메꾸기)

흑1에 백2로 잡으면 흑3으로 단수를 치고 5로 나오기까지 7로 단수를 치면 공배 메꾸기 때문에 잇는 수가 없다.

흑1의 붙임 수 일발로 백은 꼼짝할 수없다. 어쨌든 기상천외 통쾌한 수이다.

# 제 4 장
## 실전에서의 정수

# 실전에서 어떻게 생각하는가

여러분의 바둑에 화려한 정수가 나타나지 않는다면 실례의 말같지만 그것은 정수를 모르기 때문이다.

프로의 실전에도 앗하고 놀라는 것같이 선명한 수는 별로 나타나지 않는다. 물론 정수를 모르기 때문이 아니라 상대방이 수를 재빨리 알아내고 미리 대책을 강구하기 때문이다. 따라서 실전에 나오는 것은 여러가지 정수를 포함한 변화 중의 일부에 지나지 않는다. 한쪽이 정수를 모두 실현시키려고 한다면 한쪽에서는 이것을 저지하기 위하여 온갖 전력을 다한다. 이것이 우리들의 바둑이라고 할 수 있다.

그리고 상대방보다도 상수라면, 혹은 상대방 수를 미리 알고 대책을 세운다면 언제나 이길 수 있다.

숨겨진 수를 발견하기 위하여 노력할 것. 이 수를 실현시키기 위하여는 돌을 어떠한 구상으로 운용하는 것이 좋은가 이 두가지를 실전에서는 항상 머리속에 넣어 두었으면 한다.

본장에서 설명하는 정수는 우리들 프로가 머리를 짜 냈기 때문에 여러분에게는 약간 어려울지도 모른다. 그러나 실전에 임할 때 커다란 참고가 될 것이다.

각 보의 끝에 문제가 마련되어 있다. 프로가 되었다고 생각하고 또한 실전이라고 생각하고 이것을 풀어보도록.

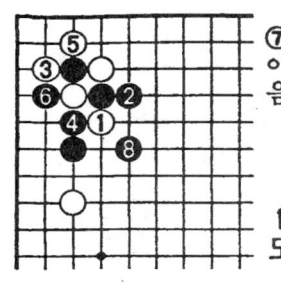

# 실전1, 견디기에서 공격으로

## 제1보

내가 5단일 때 비로소 오청원선생과 둔 추억의 1국이다.

좌상의 정석에서 백18로 걸치는 것은 비교적 신수. 중앙을 중시하고 있다.

더구나 백12, 14로 단수를 치는 수순을 잊지 않도록.

**1 도** 먼저 1로부터 단수를 치고 백3에는 흑4로 끊어 변화하고 8의 장문치기까지. 백이 괴로운 모양이다.

(문제1) 흑19, 21은 절대이다. 19에서 만약에 a로 기면 어떻게 되는지 생각해 보도록.

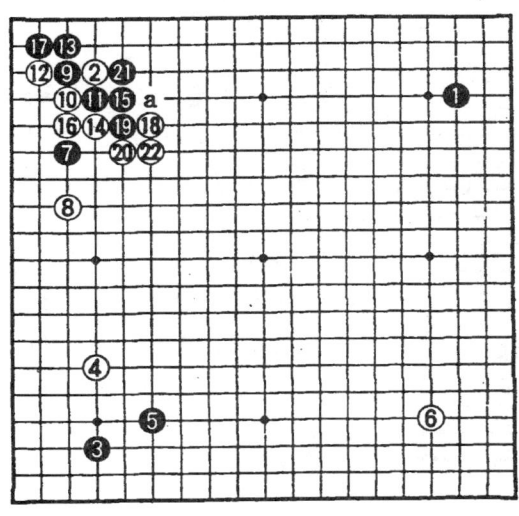

제
1
보

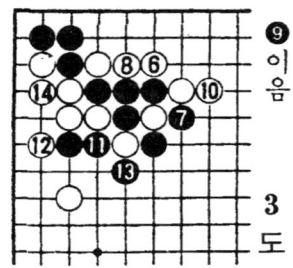

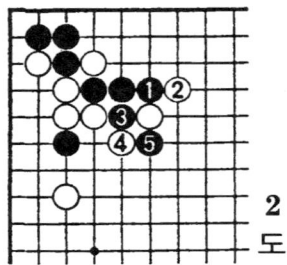

이음

3
도

2
도

## 제2보

### 2도 (문제1의 답)

흑1에는 백2로 젖히면 위험하다. 3의 곳을 이으면 견딜 수 없으므로 흑3으로 나오는 한수. 백 모양은 공배메꾸기임으로 백4에 흑5로 단수치기가 좋은 것같아 보이나,

**3 도** 백6의 맞단수가 정수. 백10으로 뻗고 흑은

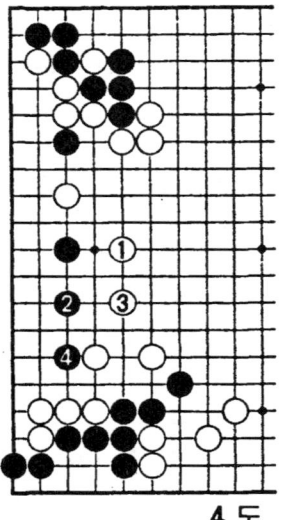

4 도

견딜 수 없다. 백11의 끊기는 백12, 14에서 귀는 그대로 잡힌다.

실전으로 돌아오자. 흑1의 군힘에 백은 3, 4로 좌변에서 부푼다. 흑은 상관없이 5의 큰 자리.

백8 이하는 준엄한 수. 흑9로 봉쇄를 피하는 것은 절대. 15의 침투도 놓칠 수 없다.

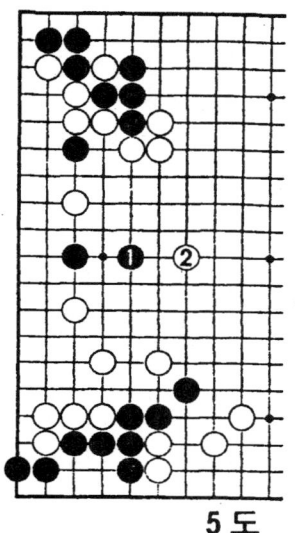

**5 도**

백20은 좁지만 흑을 공격하기 위하여는 놓칠 수 없는 급소.

**4 도** 백1로 위협하여도 흑2로 다가서고 백3에는 흑4로 편안하게 산다. 백은 실리를 빼앗긴 모양이다.

(문제2) 그런데 여기서 흑의 다음의 한수를 생각하도록. a의 끊기를 노리면서 좋은 처리는 없을까.

**5 도** 흑1로 달아나는 것은 백2로 씌워 더욱 괴로워질 뿐이다.

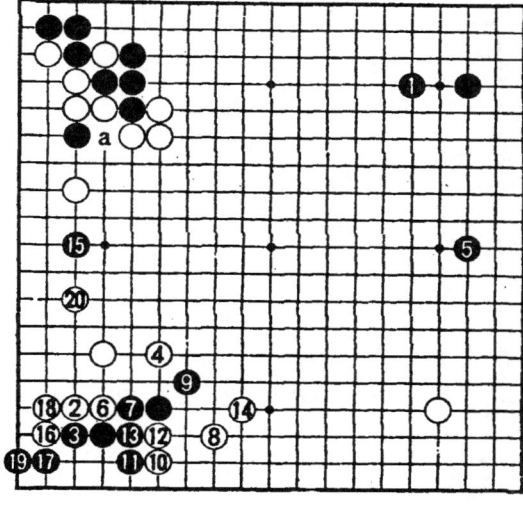

제 2 보

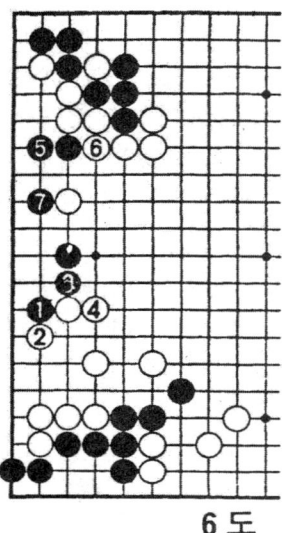

**6 도**

제3보

6도(문제2의 답) 내가 둔 것은 흑의 밑 붙이기이다. 백2 라면 흑3을 결정하고 여기에 돌이 오면 5의 내리기로부터 7로 건너고 편안하게 사는 모양 이다. 6의 끊기를 노리는 수라 고 하였는데 직접 끊는 것이 아닌 이런 처리도 있다.

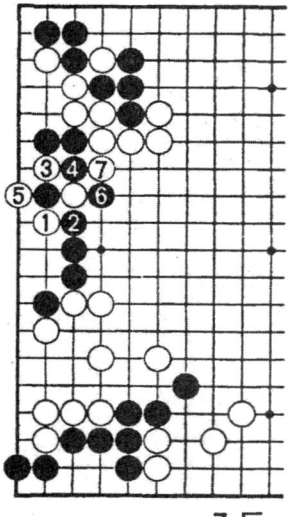

**7 도**

7 도 계속해서 백1로 젖히 고 이하 7로 끊으면 패이나 백은 어디에도 팻감이 없다.

6도의 1로부터 7까지 바로 정수의 처리라는 느낌이다. 단순히 흑5로 부딪쳐도 좋을 것 같지만 꼭 백4로 받는다고 할 수 없다.

실전은 흑1에 대하여 백2로 응수하였다. 6도의 의도를 갈파 한 반발이다. 흑5에서 6도의

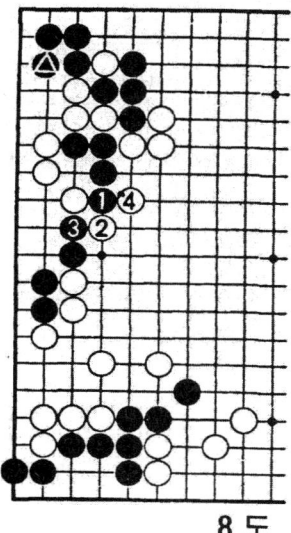

**8 도**

5, 7은 이번에는 젖히고 나와 잘 되지않는다.

내리기가 좋지않다면 흑5로 끊고 처리를 구한다. 백6, 8을 절대로 하고 여기서 나는

**8 도** 1로 밀고 a로 끊는 수를 생각하였다. 그러나 백4 에서 모조리 잡힌다.

(문제3) 거기서 다음의 한 수는? 8도의 흑1, 3을 실현시키 고 싶다. 거기서 약간의 연구가 필요하다.

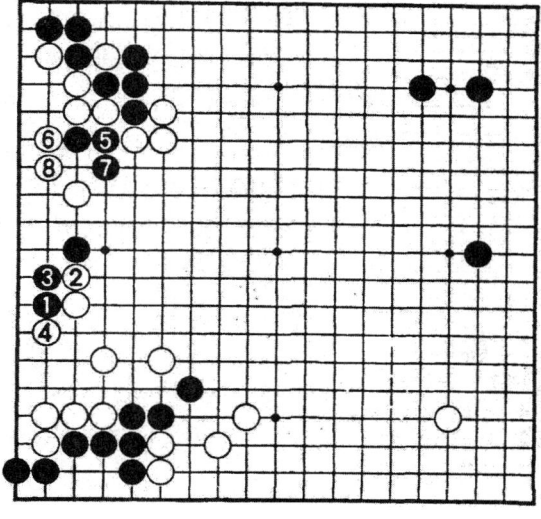

제 **3** 보

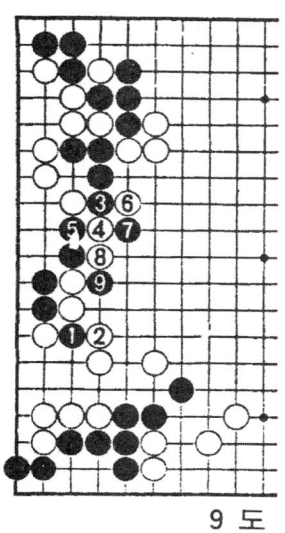

9 도

## 제4보

9도(문제3의 해설) 흑1로 끊는 것이 절호의 타이밍이다. 보통 백2로 단수를 치면 이번에 는 흑3, 5가 성립한다. 백4로부 터 6에서 위의 흑은 역시 잡히 지만, 흑7, 9에서 양 단수. 본도 는 정수가 십이분 효과를 발휘 하고 있다. 백6에서,

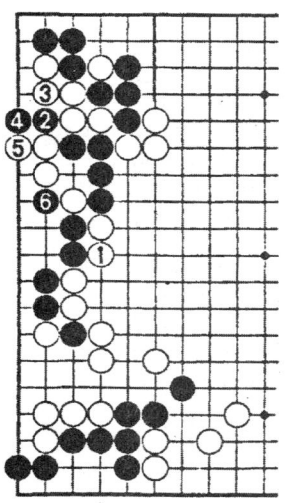

10도

10 도 백1도로 누르면 흑 2, 4의 끊고 내리기로부터 6 으로부터 6으로 단수하는 것이 예의 수. 이 다음에 싸움은 빅이 되지만 빅이라면 흑의 성공이다.

끊은 효과는 알 것이다. 거기 서 실전은 흑의 의도를 다시 갈파하고 백2의 강수로 응하였 다. 이와같이 정수를 실현시키 려고 하고 한쪽이 이것을 저지 하려고 반발하고 뜻밖의 방향으 로 나가는 것이 살아있는 바둑

의 재미이다.

흑3에서 a로 단수를 치는 것은 백b, 흑c, 백8에서 전멸이다.

흑3으로 뛰고

**11 도** 백1이라면 흑3으로 살려고한다. 그런데 백은 4로부터 바쁘게 나가는 한 수. 흑3점이 움직여 나오고 좌변을 버리는 화려한 변화가 되었다. 흑11로 뛰고 중앙이 두텁고 우선은 적당한 갈림이다.

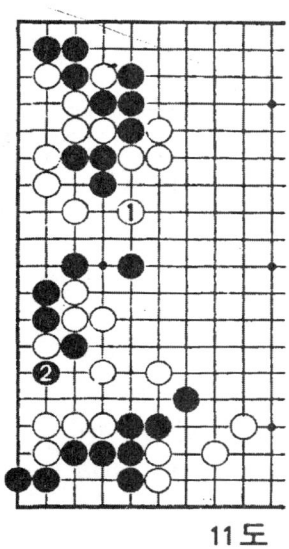

11 도

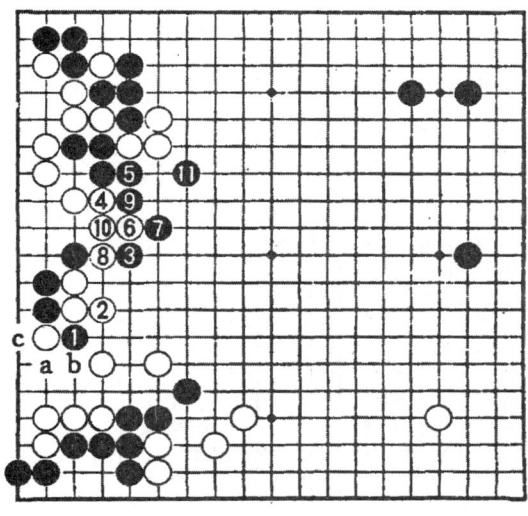

제4보

151

## 실전2, 모양과 정수

### 제1보

실전1과 똑같은 5단일때 林海峯 本因坊(당시)에게 도전한 일국이다. 나의 백.

특히 서반에서의 한 수 한 수는 전체와의 관계에 주의하지 않으면 안된다.

흑13. 이 국면에서는 이렇게 낮게 걸치는 것이 옳다. 포석의 정수라고도 할 수 있다.

1 도  1로 걸치는 것은 백이 대기하고 있던 바로써 2의 걸치기가 있다. 흑5로 뛰어나온 모양과 ●의 1 칸뛰기가 모두 낮은 자리에서 중복되고 있는 것이 마음에 들지않는다. 백6 다음에 백a, 흑b, 백c, 흑d, 백e, 흑f가 됨으로 더욱 더 흑의 낮은 포도송이가 뚜렷하다. 따라서 흑5의 뛰기에서는 a로 기고 백e로 선수를 잡고 좌변을 갈라치거나 좌상에 걸치고 있는데 그래도 실전의 모양에 미치지 않는다.

흑19는 이 한수라고 할 수 있는 걸치기 날일자굳힘이나 1칸높이 걸치기에서는 백에 협공 당하고 좌하의 두터움이 작용하고 있는 것같다. 흑19에 백a, 흑b가 되는 것이 흑의 주문. 백20도 흑의 주문을 벗어나고 절대의 한 수.

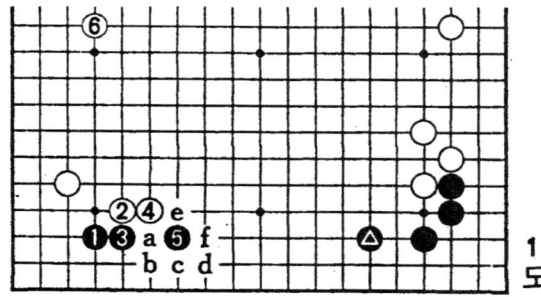

1
도

여기에서 흑21로 붙인 것이
정수이고,

　2 도　백1로 누르면 흑2로
끊기어　곤란하다.　백3이라면
흑4로 끌고 축으로 잡을 수
없는 것이 괴롭다.

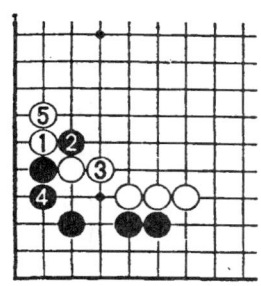

２
도

　3 도　백3이하도 흑10으로
뻗고 흑이 유리하다.
　(문제1) 선수를 잡는 흑의
다음의 한 수를 생각하도록.

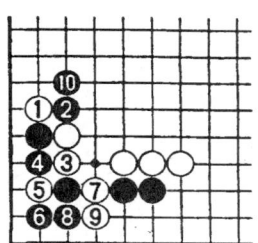

３
도

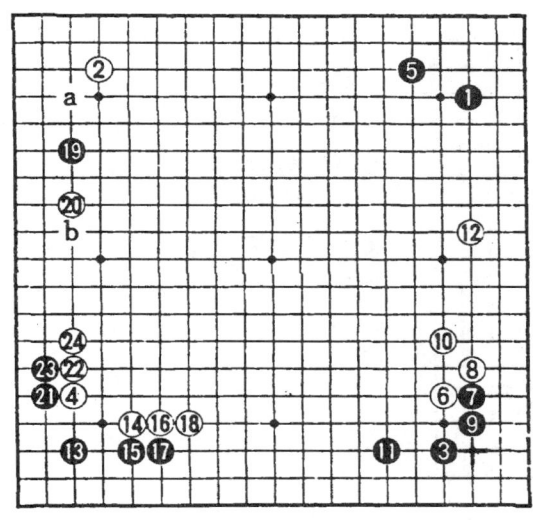

제
１
보

153

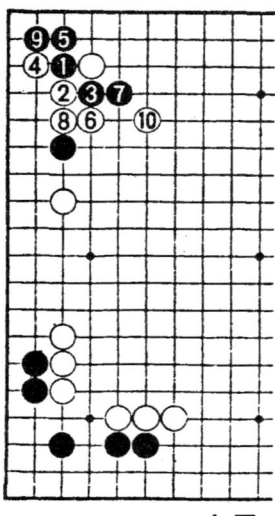

**4 도**

## 제2보

(문제1의 답) 정석에 없는 수이나 흑1로 붙이는 것이 재미있는 수였다. ⚫로 뻗고 밑이 강화되었으므로 이번에는 위를 붙여 백을 강화하고 포도송이로 유도하려는 것이다.

**4 도** 1로 붙이는 것이 정석이다. 백2에 흑3으로 끊고 9까지. 이어서 백10으로 걸치는 것은 실전1에서 보았다. 하변 백의 두터움이 작용하여 수를 쓸 수 없는 큰 모양이 될 것같다. 본도가 백의 주문. 실전은 당연한 반발이다.

실전의 흑1에 대하여

**5 도** 백1의 젖히는 것은 흑2로부터 4, 6의 2단젖히기가 좋다(흑3으로 끊게 할 수 없다). 백7까지로 좌변은 포도송이가 되고 흑a로 대비하여도 흑은 충분하고 8이 작용하면 백의 괴로운 진행이다.

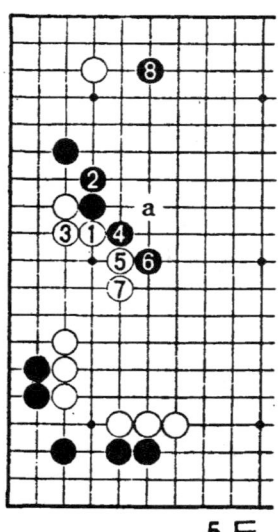

**5 도**

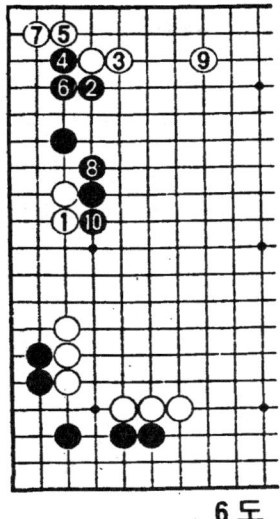

**6 도**

6 도 백1로 끌면 흑2의 붙임으로 처리한다. 백3으로 뻗는 정도라면 흑4, 6으로 젖히고 흑8로 끌어 모양을 갖춘다. 백9에 흑10으로 밀고 이것으로 좌변의 백은 포도송이로 유도당한다.

좌하의 두터움을 활용하기 위하여는 백2, 4로 나와 끊는다고 믿었다.

(문제2) 흑의 다음 한 수는? 정수라고하면 알 것이다.

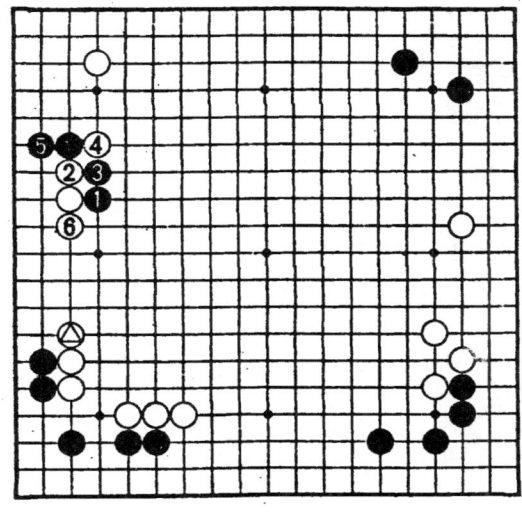

제 2 보

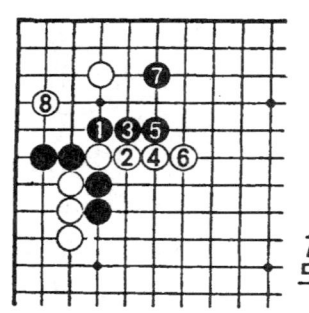

7
도

### 제3보

(문제2의 답) 흑1의 붙임이 절대. 수가 밝은 분이라면 노타임으로 이렇게 붙인다.

7 도 흑1로 단수를 치고 3으로 미는 것은 속수의 견본. 백4, 6으로 한 걸음씩 뻗고 좌변의 모양이 확대하고 흑7로 중지시켜도 백8로 산다. 흑이 무엇을 두었는지 알 수 없다.

그런데 흑1에 대하여는 백2의 뻗기가 절대. 붙인 곳을 백4 등으로 응하면 흑2로부터 단수하여 순식간에 바둑이 끝난다. 또한 백2에서 5로 젖히는 것도 흑a의 단수로 막을 수 없다. 백2의 뻗기에 흑3도 절대. 백6까지는 우선 이렇게 된다. 다음의 흑7이 냉정.

8 도 흑1로 강하게 끊고 싶으나 백2로부터 4로 끊기어 큰일이다.

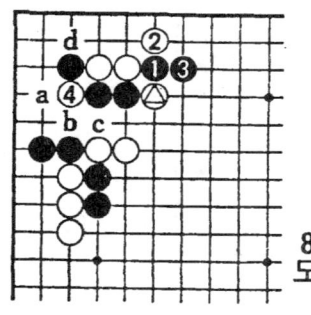

8
도

흑a는 백b로 무너지고 흑b, 백a, 흑c 등으로 운용할 수밖에 없지만 백d가 되고 △의 1점을 축으로 잡아 역시 무너질 것과도 같다.

다만, 실전의 백8로 봉쇄할 수 있으면 약간 고맙다는 생각이 든다.

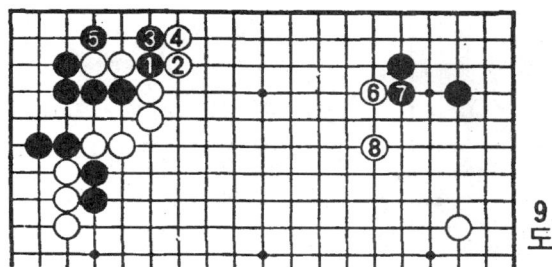

9
도

**9 도** 흑1로 자리에 구애되면 시원스럽게 버리고 백6, 8이 모양을 확대하는 정수. 이것은 흑이 최악이다.

(문제3) 백12로 어깨를 짚고 그런데 백의 다음의 한 수는? 12와 관련된 정수가 있다.

흑7에서는 8로 젖히고 백b, 흑c로 잇는 것도 유력하였다. 이것이라면 흑을 봉쇄할 수는 없다.

백8에서 일단락. 흑c는 큰자리이다.

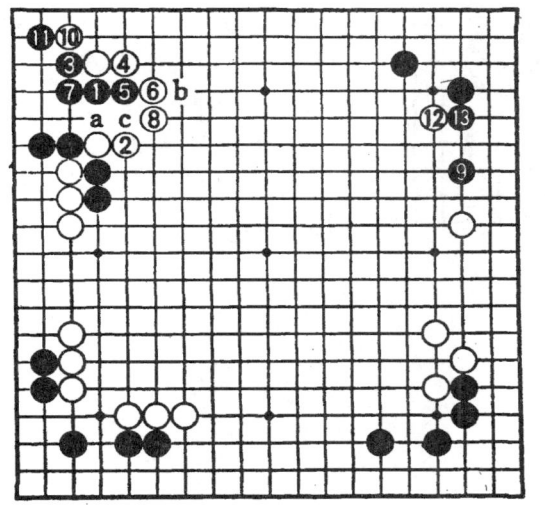

제
3
보

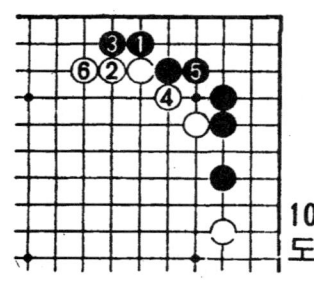

(문제3의 답) 백1의 붙임이 ⊘와 관련된 정수. 흑에 기대고 윗변을 모두 포위하려는 것이다. 백1에

10 도 흑1에 밑을 젖히면 백2로 뻗는다. 흑3이라면 백4를 결정하고 6. 윗변이 두텁고 호형이 된다. 백2에서 성급하게 4로 젖히거나하면 흑2로 반발하여 어렵게 된다.

11 도 흑1, 백2일 때 흑3으로 뻗는 것이 우세하나 백4로 누르고 역시 윗변이 호형.

따라서 실전의 흑2는 이런 것이다. 백3은 당연. 흑4로 견실하게 잇는 것도 당연하다.

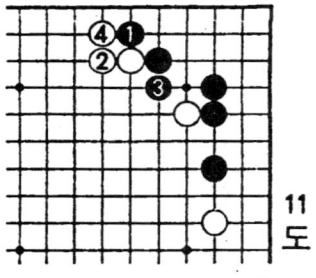

12 도 흑1로 내리거나하면 백2로부터 4, 6으로 둔다. 백8까지 이렇게되면 우열을 논할 필요가 없을 것이다.

백5의 구부리기가 급소. 윗변으로부터 중앙에 걸쳐서 백이 유리하다.

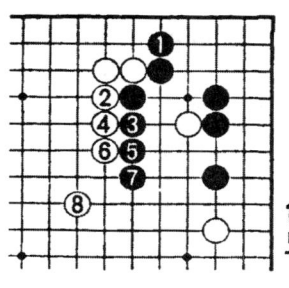

흑6으로 들여다 본 것은 읽기나 정수라기 보다도 감각의 수이다. 이것으로 윗변에 침투하는 것도 생각할 수 있으나 중앙전체에 백이 두터움으로 약간 무리. 흑6으로부터 8로 들여다보고 백의 두터움을 제한하면서 가볍게 삭감하는 기분이다.

백9의 뛰기는 요점. 흑10도 이런 상장으로서 윗변에 침입하거나하면 백10으로 퇴로를 끊기되어 어렵다.

그런데 계속해서 백a로 포위하는 것이 견딜 수 없는데 윗변을 집으로하여 흑b의 끊기가 있어 상당히 감소당할 것 같다.(흑b에 백c로 버티는 것은 맛이 나쁘다)

(문제4) b의 절단점을 선수로 보강하는 수는 없는가.

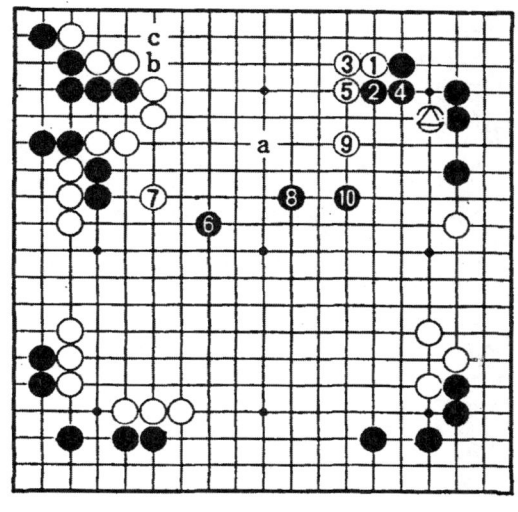

제4보

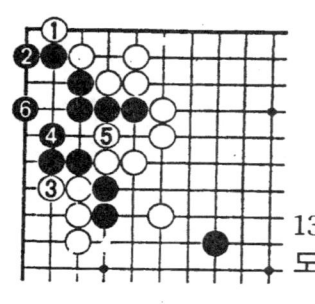

제5보

(문제4의 답) 백1의 절단점을 선수로 해소하는 좋은 수였다. 당장에는 흑2로 받지않을 수 없고 유유히 백3의 포위로 돌 수 있다. 흑2로 손빼기를 하면

13 도

13 도 백1의 젖히기로부터 2점이 된다. 이것은 너무 괴롭다.

백3으로 돌고 불만이 없는 국면이나 우변 a로 뛰는 것도 호점이었다.이 경우 흑3으로 날일자굳힘을 하는 정도로 백b로 받아 윗변은 확보할 수 있다.

흑6으로 침투 당하여 괴롭다. 백7로 마늘모굳힘을 하는 한 수에 흑은 8로 위에 날일자굳힘을 하는 수와 밑에 날일자굳힘을 하는 수가 있다는 것을 알수 있을 것이다. 이 국면에서는 흑8이 옳다.

14 도 흑1에는 백2로 막고 4로 걸치는 수. 흑5의 붙여넘기가 정수이나 백12까지. 중앙의 흑이 엷어져 이익이 아니다.

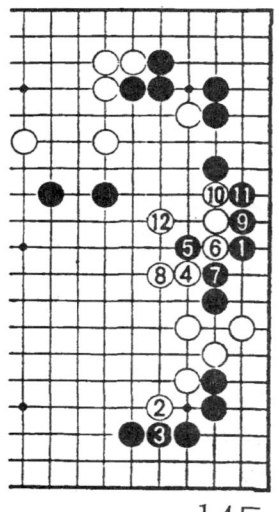

1 4 도

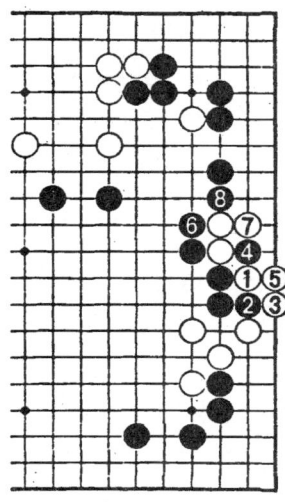

흑8에는 백9로부터 강하게 11로 구부린다.

**15 도** 백1로 젖히고 건너면 무사하나, 흑2로부터 8까지로 두·텁게 되고 묘미가 없어진다.

백11에 대하여 흑13으로 뻗으면 백c로 건너서 만족할 수 있다. 그런데 흑도 12로 건너기를 방지하고 격렬한 공방에 돌입하였다. 백13, 15로 중앙의 흑에 압력을 걸고 경우에 따라서는 우하로 버리는 기분.

본국은 끝으로 백의 실수로 흑승이 되었다.

15도

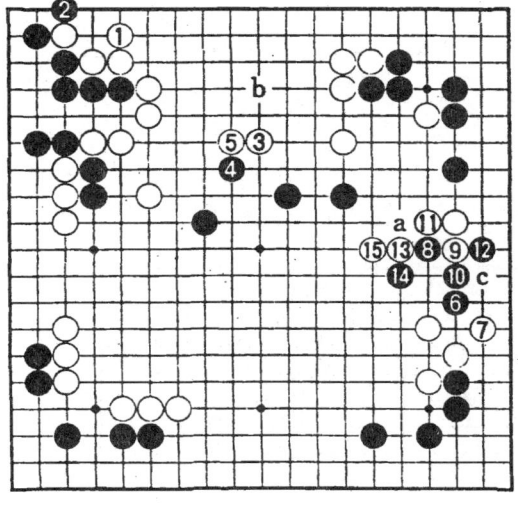

제 5 보

## 실전3, 접근전의 정수

### 제1보

사까다 9단(백)과 고바야시다 9단(흑)의 실전에서. 실제로 나타난 정수 이외에 여러가지 정수가 숨겨지고 있는 일국이다. 정수와 읽기의 힘을 양성하는데는 적당한 교재라고 생각한다.

좌상은 전에 많이 두던 정석.

흑19로 다가서고 즉시 백8의 1점을 움직이는 것은 일방적인 탈출이 되어 재미없다. 더 한 수 걸치고 움직이는 방법이다.

흑25로 뛰고 이번에는 잡히면 과연 크다. 따라서 백은 움직이고 나오는 한 수이나 평범하게 a 등으로 뛰어나오면 속수무책이다.

백26으로 붙이고 기대고 처리하는 것이 상용 수이다. 흑27에서,

**1 도**  1로 뻗는 것은 백2, 4의 2단 젖히기가 정수. 백10으로 진출하고 a의 붙임 수를 보고 있으므로 그렇게 준엄한 공격을 당할 걱정은 없다. 또한 흑1에서 2로 내리는 것은 좋지않다. 백b로 뛰고 편안하다.

**2 도**  흑1로 위로부터 젖히면 백2로 맞 젖히는 수이다. 흑3으로 뻗는 정도임으로 백4로 잇고 a의 달리기와

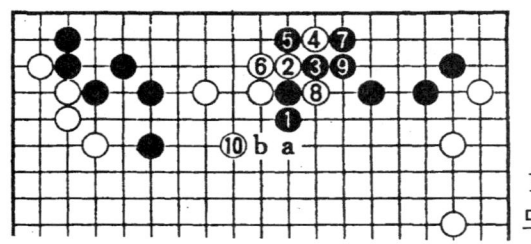

1
도

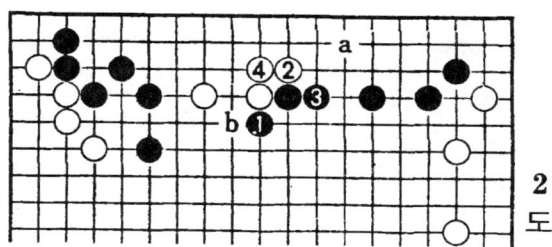

2<br>도

b의 부풀기를 건너다 보고 역시 처리할 수 있는 모양
이다.

더구나 백26에서는 28로부터 나가는 것도 정수이
다. 흑27로 젖히고 나오는 한 수이나 백26으로 끊고
수순은 틀리지만 똑같은 모양이 된다.

백26, 25의 맞끊기에는 흑29의 뻗기가 최강. 이것
이외에는 어떻게 두어도 처리된다.

(문제1) 백의 다음의 한 수는? 처리의 상투수단이
다.

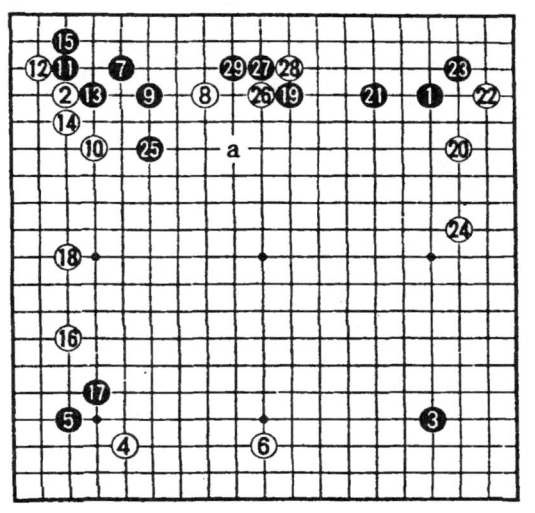

제<br>1<br>보

163

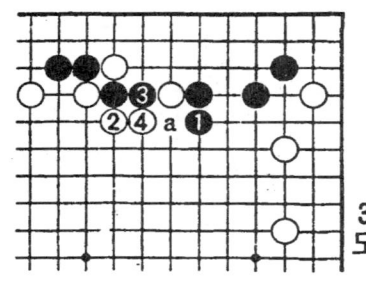

제2보

(문제1의 답) 이것은 이미 상식이다. 처리를 하면 백1이 정수.

3 도 흑1 등으로 응수하면 백2, 4에서 순식간에 끝난다. 1에서 a로 젖히는 것은 백3, 흑2, 백4로 나오고 막을 수 없다.

백1의 정수에는 흑2의 뻗기가 최선. 최강의 받기. 백의 막는 수를 방해한다. 흑2에는 백3으로 젖히고 처리를 구한다. 여기서 흑4로 뻗었는데.

4 도 1로 단수치기를 하는 것이 유력하다는 감상이다. 백2로부터 4로 이을 수밖에 없으나 흑5로 늦

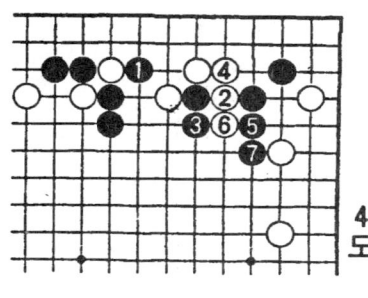

출 수 있다.(5에서 6으로 누르는 것은 백5로 끊기어 위험하다). 백6으로 탈출할 수 있지만 흑7로 나오고 우변의 백이 괴롭고 흑에 불만은 없다.

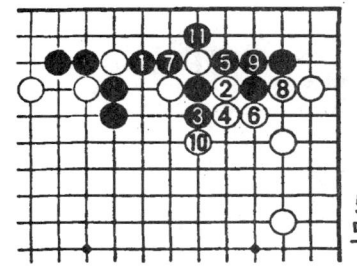

5 도　따라서 흑1에는
백2, 4로 나가게 된다.
흑5로 끊고 백6이다.
흑11까지는 한 길. 흑은
윗변을 확보하고 백은
두터움을 얻고 적당한
수이다. 물론 백의 말
수가 적은 곳임으로 정수의 효과는 상식하지 않았다.

실전으로 돌아와서 흑4로 뻗고 좋은 처리가 없는
것같지만 백5의 내리기가 .급소. a의 밀기가 b의 누르기
를 보고 막고 있으므로 잡힐 걱정이 없다.

흑6으로 맞좋게 봉쇄하는 한 수. 백은 7로 뻗고
사는 모양이 되었다.

(문제2)　실전에서 분리되나 흑6에서 7로 안형을
빼앗으면 백은 어떻게 처리하는 것이 좋을까.

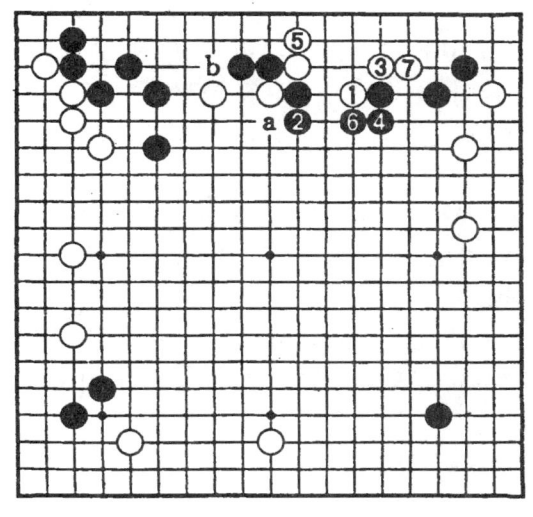

제 2 보

165

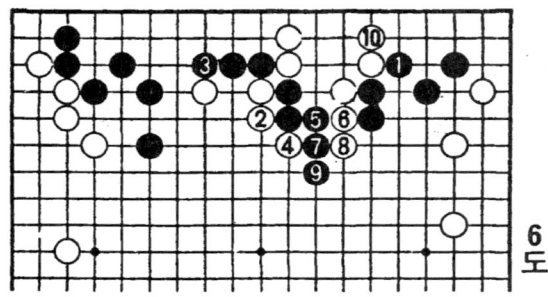

6
도

### 제3보

6 도(문제2의 답) 흑1로 안형을 빼앗으면 백2로 밀면 된다. 흑3을 생략할 수 없고 백4의 젖히기로부터 6으로 돌파한다. 이 정도는 정수입문으로 이해하지 않으면 안된다. 백8을 결정하며 10으로 내리고 이미 걱정은 없다. 머리를 내밀고 오히려 흑은 좋지않은 결과를 초래한다.

따라서 흑1의 꼬부리기는 절대. 백2로부터 흑15까지는 이렇게 될 것이다. 흑은 강대한 두터움을 얻고, 백은 살았지만 백이 선수라는 것을 생각하고 적어도 백에 불만이 없다고 생각된다. 제2보의 수는 성공하였다고 해도 좋다.

더구나 흑15는 본수. 손을 빼는 것도 가능하다.

상변이 일단락 하고 백16의 달리기가 흑2점의 근거를 빼앗고 절호점.

흑은 17, 19 그리고 21이하로 윗변의 두터움과 관련시켜서, 어디까지나 중앙을 두텁게 하는 방침이다. 21에서는,

166

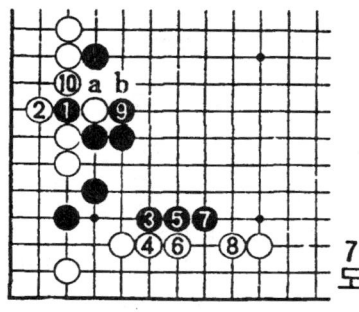

7 도  먼저 1로 끊는 수순은 없었던가 하고 사까다 선생. 백2로 받게 하고 나서 흑3 이하를 결정하고 9로 구부린다. 과연 실전의 백28로 받았던 예도와는 무시할 수 없는 차이다. 백10에서 a는 흑b를 선수로 두어 최악이다.

실리에는 미치지 않고 중앙경영을 지향할 수밖에 없는 흑에게 있어서 28에 백이 있는가, 7도의 10에 있는가는 무시할 수 없다.

(문제3) 7도의 백2에서 a로 부딪치고 버티면 흑은 어떻게 두는 것이 좋은가.

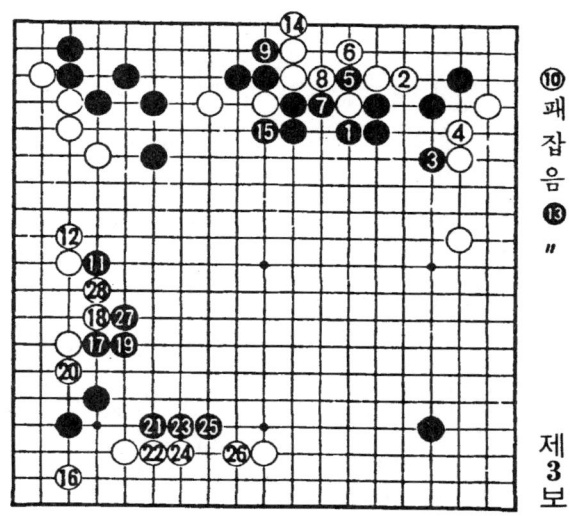

⑩ 패 잡음

⑬ ″

제 3 보

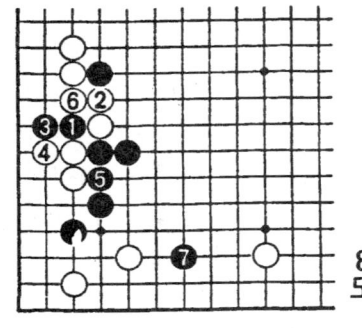

8도(문제3의 답) 흑1
에 백2로 버티는 것은
너무 심하며 흑3의 내리
기로부터 5의 잇기로
막고 7의 침투가 준엄하
다. 백2는 7도와같이

**8 도**

단수치기를 할 수밖에 없다.

실전으로 돌아오고 흑1로 날일자굳힘을 하고 중앙의
흑이 두터웠졌다. 백2로 돌파구를 구한 것은 할 수
없다.

흑3으로 퇴로를 끊는데, 백4는 모양. 흑5, 7로 결정
하고 11에서 마침내 총공격이다. 윗변이 두터움으로
백의 견디기는 신중하지 않으면 안된다.

백12의 붙임이 최선의 견디기

**9 도** 1로 넓은 쪽으로 달아나고 싶지만 이것은
방향착오. 흑2로 붙이고 상황을 살피는 것이 기대기
공격의 수. 중앙에 대기하고 있으므로 백은 강하게
응할 수 없다. 그러나 백3으로 받아도 흑4, 6으로 강경
하게 공격하여 백의 견디기는 귀가 불가능하다.

백12에 흑13이 중요한 막기. 실수하여 a로 젖히면
백13에서 안형을 만든다.

흑13, 15로 뻗으면 백16에서 흑19까지는 한 길의
응수이다. 얼핏 보고 흑은 핀치이다.

(문제 4) 그런데 백은 어떻게 견디는가. 윗변에
단서가 없을 것같다. 약간 엷은 좌변의 흑으로 작용하
고 견디기를 구하는 데 다음의 한 수는?

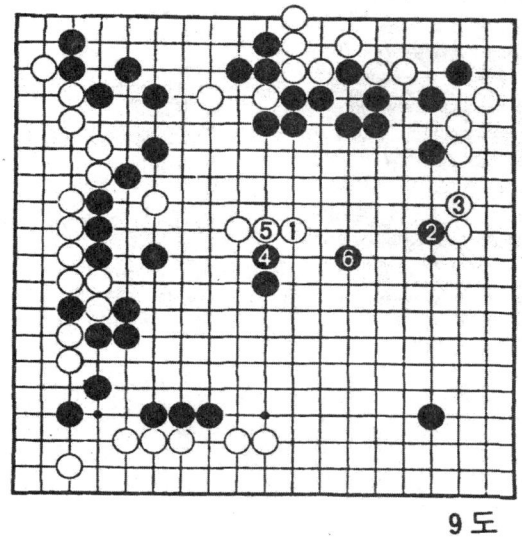

9 도

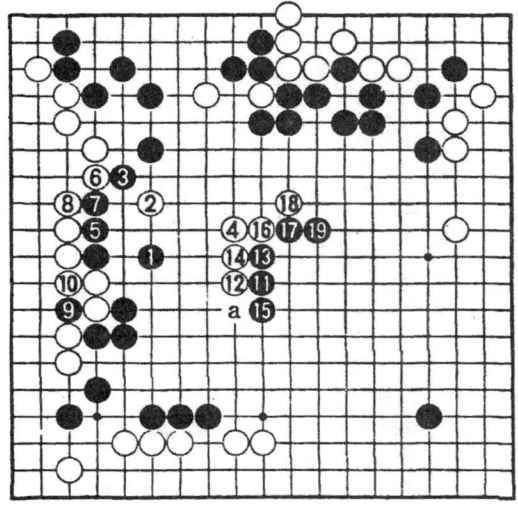

제 4 보

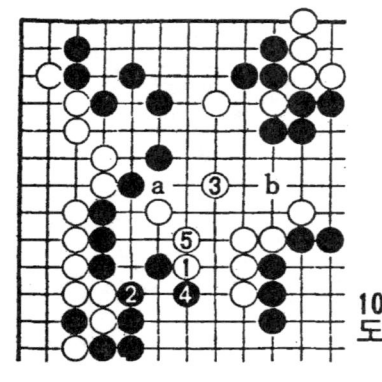

제5보

(문제4의 답) 백1의 붙임이 필사의 견디기. 어쨌든 이렇게 붙이고 흑의 결함을 노리면서 안형을 도울 수 밖에 없다.

**10 도** 백1의 붙이기에 흑2로 돌아오면 백3 정도로 대비하고 흑4에는 백5로 끌고 a의 부딪치기나 b의 호구치기를 보고 있으므로 견딜 수 있는 모양.

거기서 보의 흑2로 추격하는 것이 필사의 한 수.

이에 대한 백3이 절묘히 견디기이다. 이 근처에서 백은 살기를 읽는 것이라고 생각한다. 백3은 흑이 나오는 방법에 따라서 7의 나오기나 끊기, 5의 부딪치기

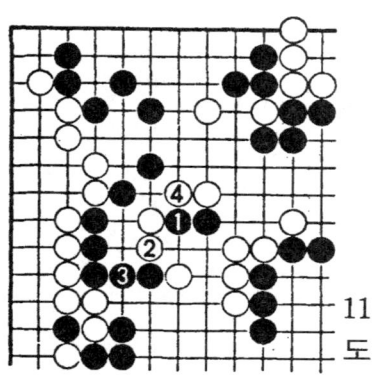

의 어느 것으로 가는가 결정하려는 것이다. 흑4 에서

**11 도** 1이라면 백2로 막고 4. 이것으로 간단히 겨누고 있다.

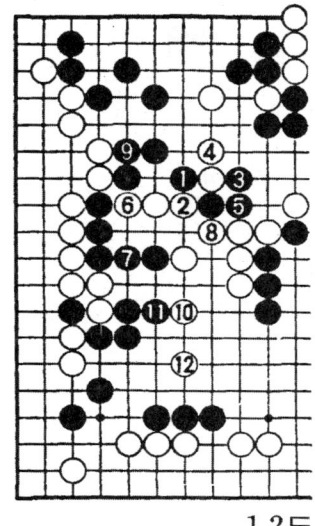

12 도  1로 젖히면 백2, 4로부터 6의 끊기가 생긴다. 8로 돌아 왔을 때 흑9를 생각할 수 없고 백10으로부터 12가 되어 이미 잡힐 돌은 아니다.

따라서 흑은 4쪽에서 젖히는 한 수. 6도 최강으로 b로 끊으면 12도와 같은 결과가 된다.

백7, 9로 나왔을 때 흑10으로 부딪쳤는데.

（문제5）흑10에서는 아니고 c로 젖히고 끊으러 간다면 백은 견딜 것인지 생각해 보도록. 아주 어려운 문제이다.

12도

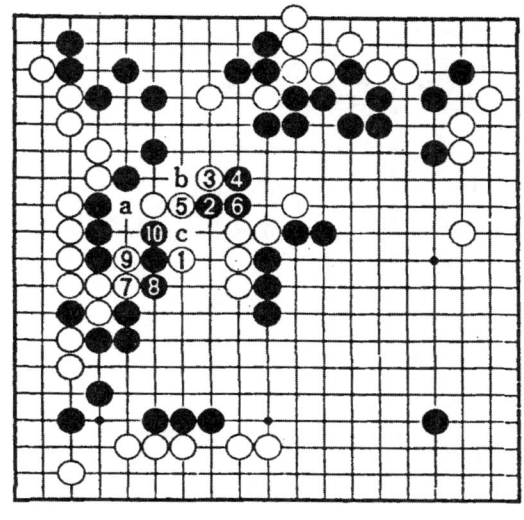

제5보

171

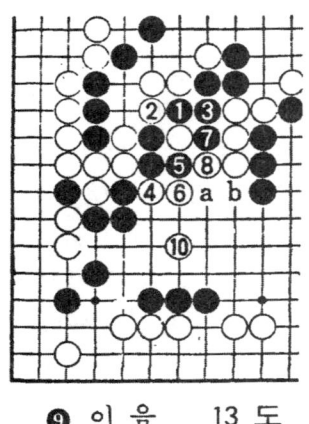

**⑨ 이 음    13 도**

13 도(문제5의 답) 흑1로 젖히고 절단하면 어떻게 되는가. 이것이 어렵다. 백2로부터 단수를 치고 8까지로 조이는 한수. 이어서 10이 급소의 뛰기. 흑a로 끊으면 백b로부터 단수를 치고 돌파하여도 된다.

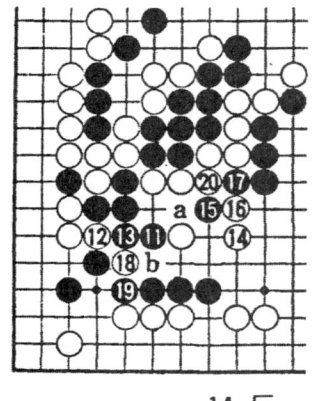

**14 도**

14 도 계속해서 흑11이 최강의 저항이나 백12, 14로 모양을 만든다. 흑15, 17이 성립하고 백이 무너진다고 생각되는 순간 18의 끊기가 묘수. 흑19로 바꾸고부터라면 백20으로 끊고 흑a로 나오는 수가 없고 백은 전부 견디고 있다. 19에서 b라면 백19로 잡고 중앙은 이긴다.

이상의 수순에서 젖히는 수가 없다면 흑은 1로 나오고 3으로 돌아 올 수 밖에 없다. 백4, 6이 되고 여기가 최후의 난점이다.

흑7이 되고 백은 어떻게 활로를 구하는가.

172

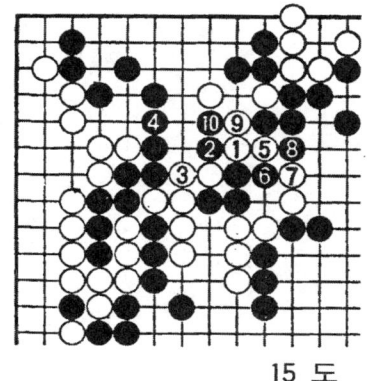

15도   1로 2단젖히기를 하는 모양인데 흑2로부터 4로 줄바둑을 두는 수가 있다. 백5로 잡으려고 하여도 흑6으로부터 나오면 곤란하다.

15 도

백7의 누르기에 흑8, 10에서 축머리. 백은 전멸한다. 백7에서 8로 늦추워도 흑7로 나오고 사태는 바뀌지않는다.

(문제6) 15도에서 견딜 수 없다면 백은 어떻게 하는 것이 좋은가. 이것이 다음의 한 수인데 15도 전에 흑을 공배메꾸기를 할 수 없는지 잘 연구하도록.

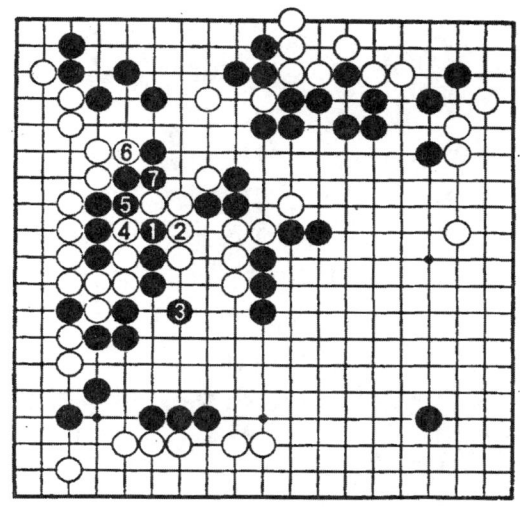

제
6
보

173

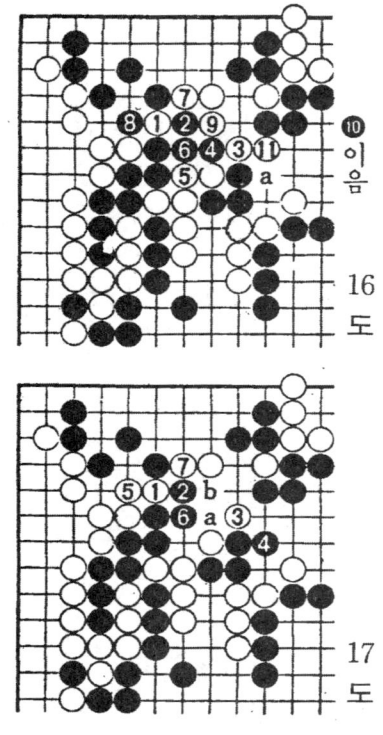

### 제7보

(문제6의 답) 백1의 젖히기가 정수. 이것으로 완전히 견디는 모양이다

**16 도** 백1에 흑2로 받으면 거기서 백3으로 2단으로 젖힌다. 흑4로 끊어도 백5로 잇고 7로부터 9의 조이기로 막고 11까지. 15도와는 달라서 공배 하나가 증가하고 흑a로 나오는 수가 성립하지 않는다.

**17 도** 흑4로 구부리고 달아나는 것은 백 5, 7로 끊고 간단하다. 흑a는 백b에서 회두리이다.

보의 백1에 흑2로 저항하여도 역시 백3의 2단젖히기가 결정수가 되고 흑은 속수무책이다. 백9까지 마침내 어려운 말을 견디었다.　이 다음에

**18 도** 흑1, 3, 5로 잡으러 나가도 백10까지로 탈출하였다.

어떤가. 난해한 수의 연속으로 여러분들은 몹시 어려웠을 것이다. 그러나 이를 되풀이하여 판에 늘어놓기만 한다면 공격과 견디기의 정수의 연구에는 반드시 도움이 될 것이다.

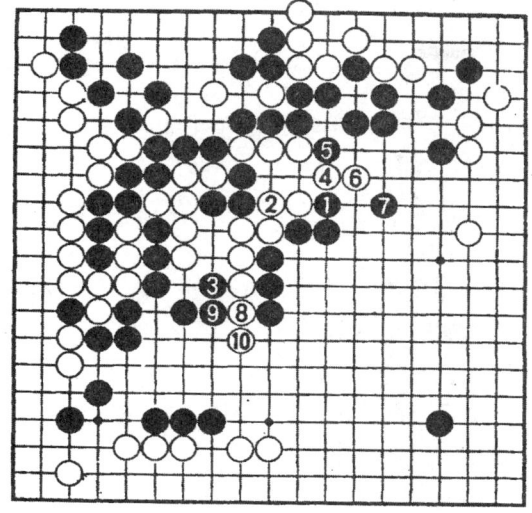

18
도

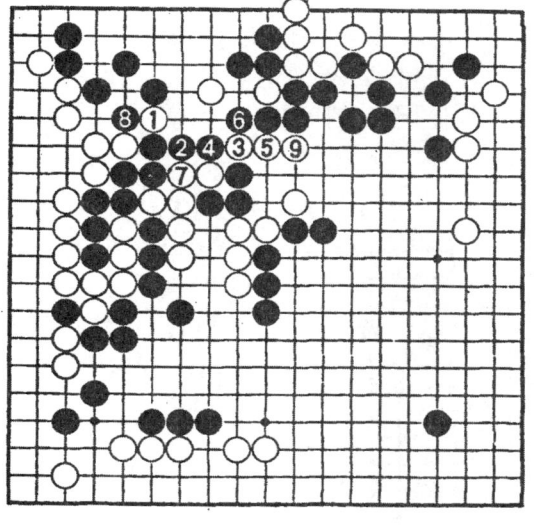

제
**7**
보

175

# 실전4 굳힘과 정수

### 제1보

51년의 十단전. 등택봉제 9단(흑)과의 도전자 결정전으로부터.

서로가 큰 모양의 바둑은 꺼리는 분들이 아님으로 이러한 포석이 되었다.

흑19로 뛰고 포석은 끝났다. 이런 때 어디서부터 착수를 하여야할지 모르는 분이 있을 것이다. 나는 백10으로 붙였다. 상황을 살피는 수로서 흑의 응수에 따라서 다음 수를 결정하려는 것이다. 굳힘에 대한 정수라고 하여도 무방하다.

흑21이라면 다음에 백a 혹은 b로 움직여 나오는 찬스를 노린다.

1 도 흑1의 누르기라면(당장 둔다고 할 수 없으나) 백2의 맞끊기로 처리한다. 4, 6으로 막고 8이 모양. 이 경우 주의하여야 할 것은 무거운 말을 만들지 않도록하는 것이다. 예로 백8에서 a로 호구치기를 하거나하면 흑b로 들여다 보고 순식간에 공격당한다.

백8로 멍청하게 두고 흑 등으로 끊으면 백b로 단수를 친다. 백b의 따내기에는 손을 빼도 된다. 어디까지나 가볍게 처리하는 요령이다.

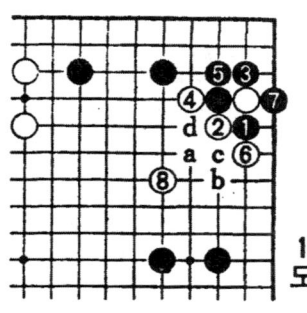

1 도

176

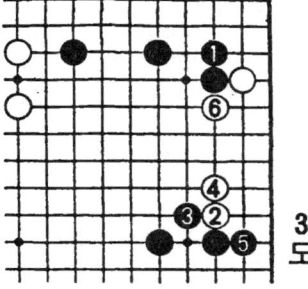

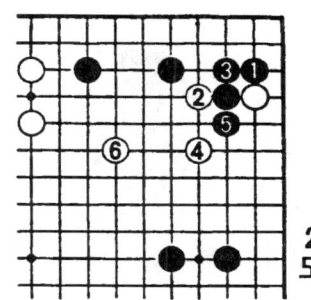

2 도　흑1로 안에서부터 누르면 백2가 가벼운 수. 흑4로부터 6이 이 국면에서는 꼭 맞는다.

3 도　흑1에는 손을 빼게 될 것이다. 다음의 노림의 일예를 제시하면 백2로부터 6의 나오기.

（문제1）흑21에 이어 백b로 나오면 흑은 어떻게 두는 것이 좋은가.

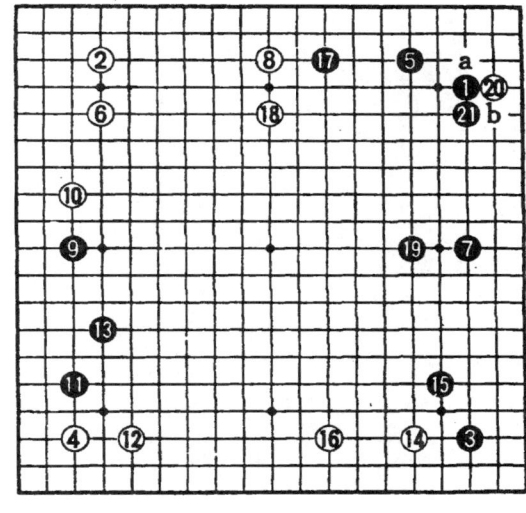

1
보

177

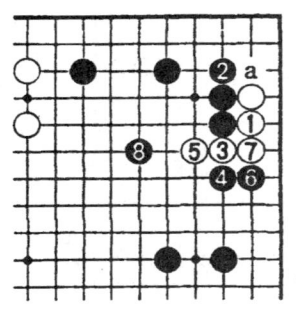

4
도

제2보

4 도 (문제1의 답) 백1로 곧 나오는 것은 무거운 수이다. 흑2의 끌기가 냉정. 백3에는 흑4가 정수로 6, 8로 공격당하고 견디기를 전망할 수 없다. 비록 견딜 수 있을지라도 좁은 결과는 나오지 않을 것이다. 흑2에서 7로 누르거나 3으로 끄는 것은 백2의 젖히기로 살 수 있어 불만이다. 흑2는 a의 누르기보다도 우세하다.

보의 백1에서는 a의 구부리기가 호점. 백3에서는 b로 끄는 것이 좋았던 것같다.

흑4에서 a로 뛰고 백a, 흑d가 되는 포위에는 자신이 없었다하는··9단. 그런데 흑4로 붙여 모양을

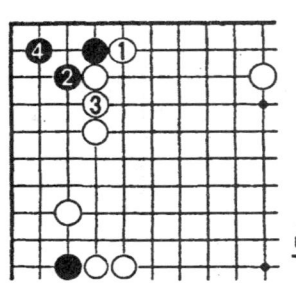

5
도

살폈다. 이것도 1칸굳힘에 대한 정수라고 할 수 있다. 백은 5로 견실하게 응수하여 여유를 주지 않는다.

5 도 백1로 눌러도 흑 2, 4로 두면 맛좋게 잡는 것은 도저히 불가능하다.

흑6으로 깊게 침투하여 노림은 2선으로 붙이고 건너 기.

178

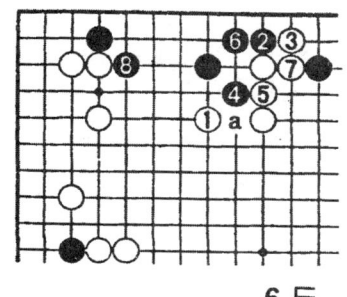

**6 도**

**6 도** 백1로 뛰면 건너기는 생기지 않는다. 그대신 흑2로부터 4라는 제1장에서 배운 수가 생긴다. 8로 젖히고 a의 구멍이 비고있으면 잡으러 나가는 것은 우선 무리. 이것이 가장 상식적인 백1을 채용하지 않았던 이유이다.

백7로 붙이고 이번에는 심각하게 공격한다. 따라서 흑8의 대비는 상용이라고 생각하고 있었는데 등택 9 단은 흑8은 c로 젖혀야만 했다고 한다.

(문제2) 흑8에서 e로 젖힌 경우 어떠한 갈림이 되는 지 상상하도록.

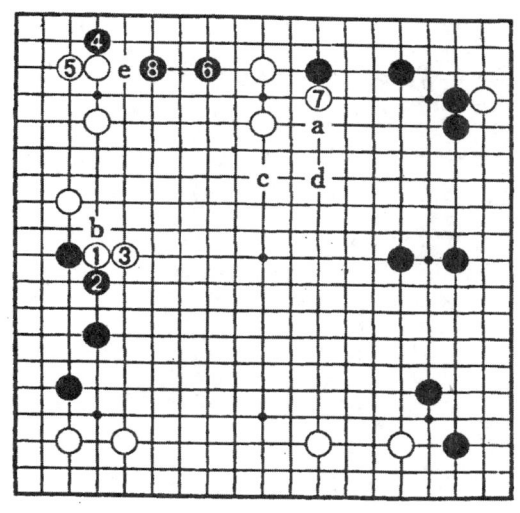

제2보

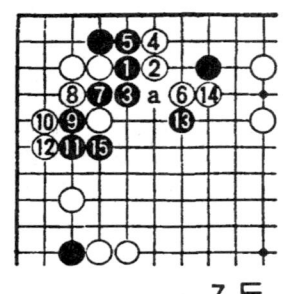

**7 도**

## 제3보

7 도(문제2의 답) 흑1로 젖히면 백2로 붙일 생각이었다. 흑3에 백4, 6으로 근거를 빼앗고 근거를 빼앗으러 간다. 그러나 잘 생각해 보면 흑7, 9로 나와 끊는 수로 도저히 잡힐 것같지 않다. 백10, 12에 흑13으로부터 15로 편안하게 살고 이렇게 본다면 백은 무엇을 두었는지 알 수 없다. 백10에서 11로부터 단수를 치고 흑10, 백12에는 a, 13의 막기로부터 흑15로 끊고 무너진다.

8 도  따라서 흑1에는 백2로 누르는 정도의 것. 흑은 3으로 수순을 결정하고 5로 뛰고 파괴에 성공한 모양이다.

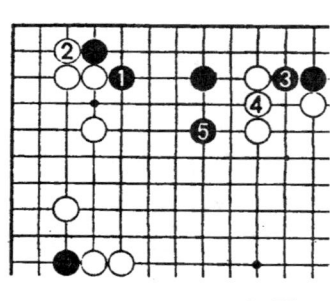

**8 도**

흑이 수를 늦춘 덕에 백에게 찬스가 돌아왔다. 그런데도 백1로 땅에 구애된 것이 실착. 흑2로 막고 18까지로 살고 백은 허약하다. 더구나 흑16(두고싶지 않지만)에서 단순하게 18은 백16으로 마늘모굳힘을 하여 안형이 뚜렷하지 않다. 백1에서는

9 도  1로 젖히는 한 수였다. 흑2, 4로 작게 살리고 백5로 돌아 백도 즐거움이 있는 국면이었다.

180

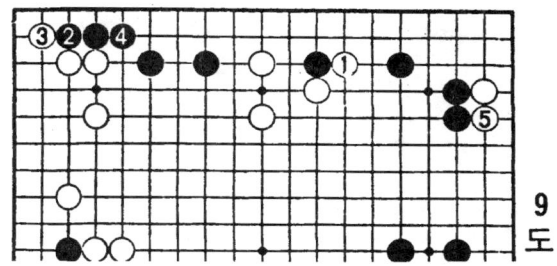

9도와 보의 차는 무시할 수 없다.

백19의 움직여 나오기는 절대. 윗변을 파괴 당한 백으로서는 여기에 착수하지 않는다는 것은 이상하다.

흑20에서는 a로 누르고 백20에 흑b로 천천히 공격하는 것도 유력하다.

(문제3) 백21로 젖히고 흑의 다음의 한 수는? 흑c의 누르기는 백a로 좋은 집을 차지하면 문제가 되지 않는다.

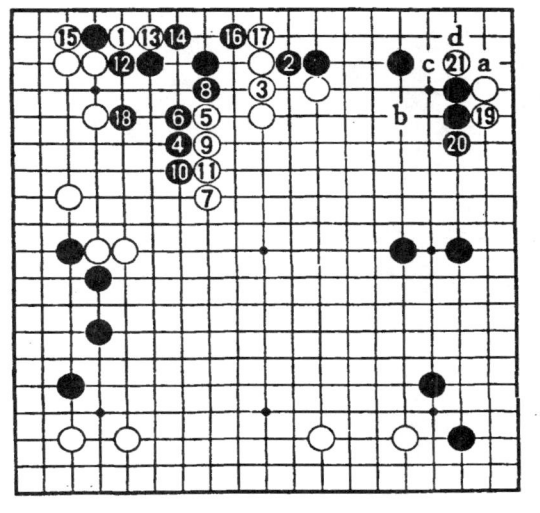

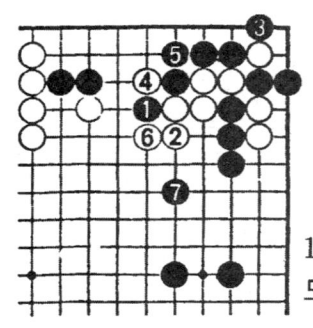

10
도

제4보

(문제3의 답) 흑1의 붙임이 정수이다. 백2, 4로 나올 수밖에 없는데 흑5로 끊고 7로 2점으로 하는 수. 백도 당황하여 흑2점을 잡으러가면 흑a로 걸치고 사는 모양이 따분하다. 백8의 구부리기는 이 국면에서는 절대이다. 여기까지는 정석화된 운용이다.

흑9가 실착.

10 도  1로 젖히는 한 수였다. 백2라면 흑3으로 잡고 이하 7로 돌아 실전과는 큰 차이다.

11 도  흑1에는 백2로 끊는 정도의 것. 거기서 흑3, 5로 조이고 7로 잡고 백10까지 우변의 흑집이 두터워 역시 실천과는 큰 차이다.

단순히 흑9로 잡았기 때문에 백12의 수가 선명하게 결정되었다. 이 붙임 수를 들 수 있다면 역전이다. 흑13은 괴로운 것같으나 할 수 없다.

억울하다고 하여

11
도

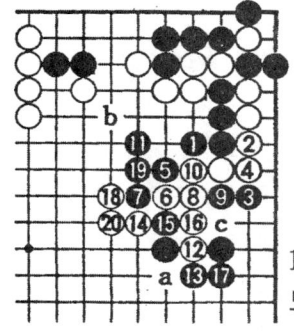

12 도 흑1로 반발하면 백2로 건너고 당당히 살기 위하여 나간다. 흑3, 5가 최강의 잡기인데 백6으로부터 흑11까지일 때 백12가 정수. 백20까지가 한 길이나 이. 다음에 a의 축머리와 b의 공격이 건너다 보기가 되어 흑이 무너진다. 흑1에서 10으로 젖히는 것은 백8로 붙이고 순조롭다. 이하 흑1, 백c에서 처리하는 모양. 우하의 흑집까지 파괴될 것 같다.

흑13으로 굴복을 하게 하고 백18까지 뜻밖의 곳에서 백이 우세하여진다. 흑b의 끊기는 백c로 버틸 수 있고 백d의 큰 누르기도 남아 있다.

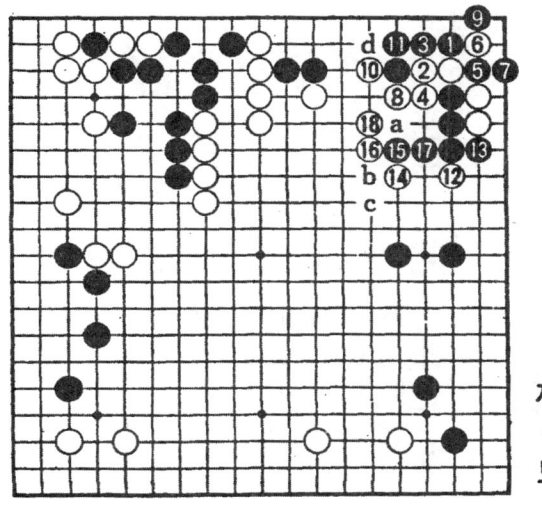

제 4 보

# 실전5 정수와 무리수

### 제1보

서반에서 너무 지나치게 두거나 완착을 두고 지연된 것을 만회하려고 하여도 다음의 착수가 무리라는 것은 여러분도 이미 경험하였을 것이다. 정수라고 두어 보았지만 자연 무리 수가 되고 있는 것이다.

나의 실전으로부터. 흑의 지나친 한 수로 고전을 강요 당한 좋은 예이다.

백18의 침투에 흑19는 당연하나 21로 끈 것이 사건을 즐기는 수였다. 흑22로 잇고 백a, 흑b, 백c, 흑d, 백e로 운용하여 충분하였다.

백22, 24로 나와 끊어 이미 고전이다. 비록 끊길지라도 처리는 얼마든지 있다고 생각하였는데 그렇지가 않다.

**1 도**  우선 흑1로 누르는 수. 백2, 4로부터 6, 8로

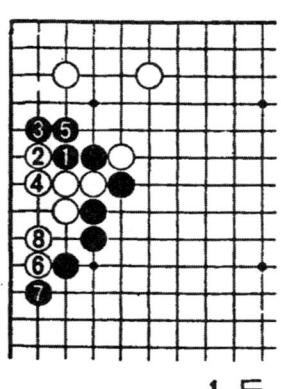

1 도

붙여서 끌리어 흑은 절단점 투성이로 도저히 지탱할 수 없다.

**2 도**  흑1로 뻗는 수는 최강. 이것으로 싸울 수 있을 것이라고 판단한 것이 너무 허술하다. 그러나 백2로부터 4의 날일자굳힘에서는 흑5의 붙임이 정수가 되고 이하 11가지. 이것은 백이 무너진다.

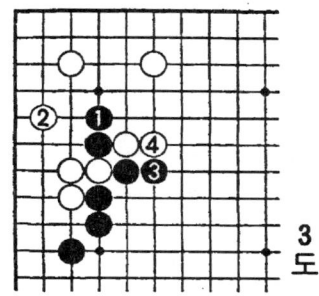

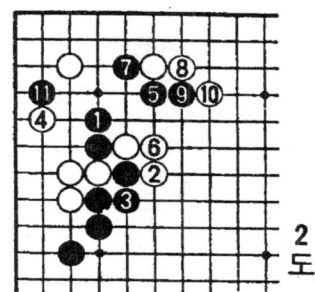

3 도   흑1에는 백2로 단순히 건너는 것이 강하다. 이 다음의 처리가 뜻밖에도 없는 것이다. 흑3이라면 백4로 누르고 백2점을 잡는 것도 건너기를 방지할 수 없다.

(문제1)   뻗는 수가 없다고하면 흑의 다음의 한수는 어떻게 두는 것이 좋은가.

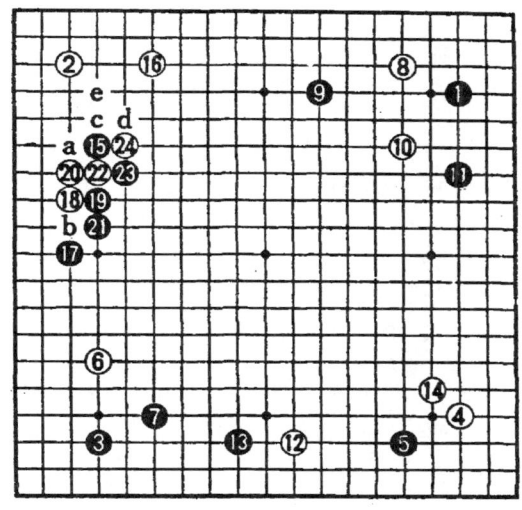

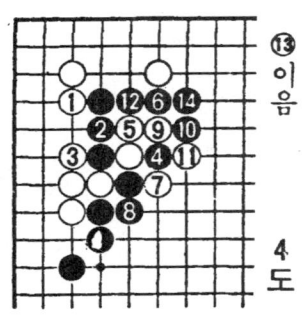

4 도

제2보

(문제1의 답) 흑1의 뛰기가 가벼운 모양. 어쨌든 이렇게 뛰고 처리를 도모할 수밖에 없다. 흑1에 대하여

4 도 백1, 3으로 건너는 것은 흑의 계략에 빠지는 것이 다. 4로부터 6의 걸치기가 꼭 맞고 백9에는 흑10, 12로 조이는 수가 너무 선명하다. 이것은 백이 심하다.

5 도 백1의 단수라면 흑2로 나오고 백3에 흑4로 돌파하기까지. 귀를 잡고 만족할 수 있는 갈림이다.

4도, 5도가 읽는 수였는데 백2, 4로 최강으로 응수하여 당하게 되었다. 백은 절단점 투성이로 여기저기 흩어진 것같으나 막상 그를 나무라기엔 좋은 수가 없다.

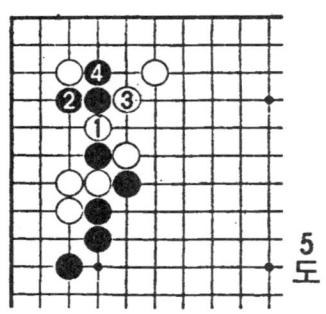

5 도

흑7의 누르기에는 백14까지로 잇고 싸움이다.

흑15에서

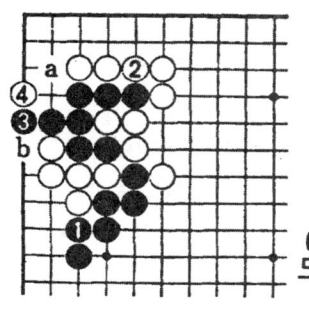

6 도  1로 공배를 메꾸는
것은 백2로 다가서기 싸움에서
이길 수 없다. 흑3에 백4로
붙이는 것은 싸움의 초급 수에
지나지 않는다. 새삼 흑a로
젖히고 백a로 단수치기까지.

흑15로 젖히는 것이 싸움을
견디는 유일한 수이다. 이 수가 있으므로 흑은 겨우
무너지기를 면한다.

(문제2) 흑15에 대하여 백은 어떻게 응수하는 것이
좋은가. 백a로 누르는 것이 어째서 나쁜가. 백a가 안된
다면 백은 이미 안심할 수 없다.

그러나 백에게는 변신술이 준비되고 있다. 그렇다면
이미 알게될 것이다.

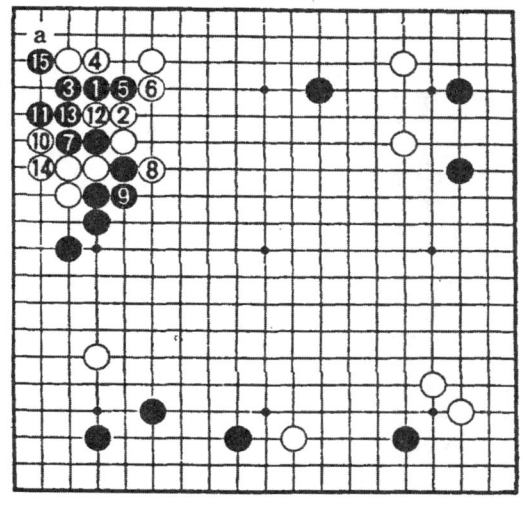

제
2
보

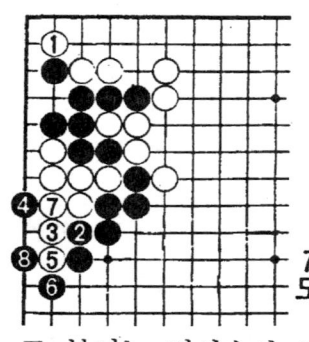

7
도

제3보

7 도 (문제2의 답) 백1로 누르면 이번에야말로 2가 성립한다. 백3에는 흑4의 놓기가 맞공격의 상투수단. 흑8까지 백 패고 끝난다.

그러나 백에게는 보의 1로 붙이는 변신술이 있었다. 흑은 젖힐 수 없다. 흑a, 백12, 흑3도 백2로 눌린다.

따라서 흑2로 뻗는 한수. 백3으로 젖히는 일종의 교환인데 여전히 흑의 고전은 계속된다.

흑4, 6으로 싸움을 크게 할 수밖에 없다. 무리수라는 것을 알면서도 할 수 없었다.

흑12의 응수타진이 약간의 수.

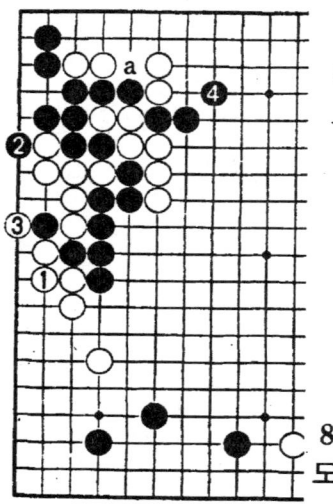

8
도

8 도 백1로 이으면 흑2의 막기가 있고 백a는 무효임으로 흑4로 나갈 수 있다.

실력향상을 위한
# 바둑의 묘수풀이

2026년 2월 10일 인쇄
2026년 2월 13일 발행

저　자 | 基道會
발행인 | 윤영수
발행처 | 한국학자료원
등　록 | 제12-1999-074호

주　소 | 서울 은평구 연서로 37길 40-1
팩　스 | 02.3159.8051
E-mail | eksung@naver.com

ISBN 979-11-7417-130-6(13690)

정가　22,000원